Q/SHTL-CW01 ~ 07—2021

国能朔黄铁路发展有限责任公司

车务专业作业标准

国能朔黄铁路发展有限责任公司　编

中国铁道出版社有限公司

2 0 2 2 年·北 京

图书在版编目(CIP)数据

国能朔黄铁路发展有限责任公司车务专业作业标准/国能朔黄铁路发展有限责任公司编. —北京:中国铁道出版社有限公司,2022.1

ISBN 978-7-113-28455-8

Ⅰ.①国… Ⅱ.①国… Ⅲ.①铁路-作业标准 Ⅳ.①U21-65

中国版本图书馆CIP数据核字(2021)第207144号

书　　名:国能朔黄铁路发展有限责任公司车务专业作业标准
作　　者:国能朔黄铁路发展有限责任公司

责任编辑:秦绪涛　　　　**编辑部电话:**(010)51873024
封面设计:欣沅匀淇
责任校对:焦桂荣
责任印制:高春晓

出版发行:中国铁道出版社有限公司(100054,北京市西城区右安门西街8号)
网　　址:http://www.tdpress.com
印　　刷:三河市国英印务有限公司
版　　次:2022年1月第1版　2022年1月第1次印刷
开　　本:880 mm×1 230 mm 1/32　印张:9　字数:264千
书　　号:ISBN 978-7-113-28455-8
定　　价:36.00元

国能朔黄铁路发展有限责任公司规章制度

国能朔黄制度〔2022〕3号

《国能朔黄铁路发展有限责任公司车务专业作业标准》经公司2021年11月22日第21次总经理常务会审议通过，现予印发，自2022年3月1日起实施，前发《朔黄铁路发展有限责任公司企业标准—车务专业作业标准》（Q/SHTL011.01～011.14—2010）同时废止。

国能朔黄铁路发展公司

2022年1月19日

前　言

为了进一步规范车务专业作业流程和标准，提高作业质量，确保作业安全，依据国家铁路局2020年12月21日发布的中华人民共和国铁道行业标准《铁路接发列车作业》《铁路调车作业》《铁路车机联控作业》和原铁道部发布的《铁路车号员技术作业标准》《铁路车站行车作业人身安全标准》等标准，以及国家能源集团《铁路运输管理规程（第二版）》、国能朔黄铁路公司《行车组织规则》等规章，结合公司管内行车设备及车站作业实际情况，制定了《国能朔黄铁路发展有限责任公司车务专业作业标准》。

本标准由国能朔黄铁路发展有限责任公司运输部起草并归口。

本标准经内部专业人员会议审核通过，会议审核人员：刘英伟、赵彦星、武轶杰、罗宇、郭瑞、刘伟（肃宁分公司）、宋桂丹、王国鹏、周维东、王峰、熊琼瑶、张晨宝、葛庆俊、陶鹏、吴冬华。

本标准自2022年3月1日起实施，前发《车务专业作业标准》（Q/SHTL011.01～011.14—2010）废止。

目　录

目　次

接发列车作业标准
（Q/SHTL-CW01—2021）

调车作业标准

(Q/SHTL-CW02—2021)

车号员技术作业标准

(Q/SHTL-CW03—2021)

货运员技术作业标准
（Q/SHTL-CW04—2021）

车机联控作业标准
（Q/SHTL-CW05—2021）

铁路车站行车作业人身安全标准
（Q/SHTL-CW06—2021）

车务劳动安全风险控制标准
（Q/SHTL-CW07—2021）

接发列车作业标准
（Q/SHTL-CW01—2021）

一、作业标准

1 范围

本标准规定了双线自动闭塞集中联锁设备车站、单(双)线半自动闭塞集中联锁设备车站、自动站间闭塞集中联锁设备车站、单(双)线电话闭塞无联锁设备(联锁设备失效)车站、单(双)线自动闭塞分散自律控制模式下车站操作方式车站、自动站间闭塞分散自律控制模式下车站操作方式车站的接发列车作业程序、岗位作业技术要求和作业风险管理。

2 总体要求

2.1 接发列车时,接送列车人员应穿着规定服装,衣帽整齐,佩戴职务标志,携带列车无线调度通信设备,持规定信号旗(灯),立正姿势,站在《站细》[①]规定地点,面向列车,注意列车运行和货物装载状态。

2.2 办理接发列车用语应使用普通话。遇“0”“1”“2”“7”可发“dòng(洞)”“yāo(幺)”“liǎng(两)”“guǎi(拐)”音,但车次首位为“0”或车次首位及第二位均为“0”时,“0”应发“零”音。用语中括号内的“站”“次”“×点”“分”“了”可省略。办理客车时,车次前冠以“客车”两字(向列车调度员报点除外)。

2.3 填写行车日志(旅客列车使用红笔)、调度命令及各种行车凭证,要做到正确齐全,字迹清晰。使用调度命令无线传送系统传送各种行车凭证、调度命令时,有关输入、核对、传送、接收等办法按公司规定执行。

2.4 遇有超长列车、超限列车、单机挂车和列尾装置灯光熄灭的货物列车,应在办理预告(闭塞)时通知接车站。办理预告(闭塞)后得到以上信息时,应及时通知接车站。

2.5 车站使用列车无线调度通信设备发车时,通知司机用语为:“×(次)、

① 《车站行车工作细则》。

×站[×站×场]×道[×道×段]发车”,并听取复诵无误。司机应答用语为:“×(次)、×站[×站×场]×道[×道×段]发车,司机明白”。“站”可省略。

2.6 接发列车作业中,发现列车有异状等问题时,接发车人员应立即按规定采取安全措施并报告。

2.7 列车同时到发,助理值班员不能兼顾时,应先办理发车。

2.8 自轮运转特种设备及不挂车的单机,可取消助理值班员室外接送列车作业。

2.9 接车股道分为不同接车区段时,布置进路、开放信号、人工排列进路应讲明接车区段。

2.10 由于作业人员的职名不同,“岗位作业技术要求”中的作业人员分工,可按岗位职责的规定执行,但不应简化技术要求。由于设备、人员组织不同,执行“岗位作业技术要求”中的有关内容有困难时,可由车站参照本标准适当调整。

2.11 本标准作业用语中“( )”内的字可省略,“[ ]”内的字与加粗字根据实际情况选择使用。

3 双线自动闭塞集中联锁(设信号员)

3.1 接发列车作业程序图

3.1.1 接车(含通过)作业程序图

接车(含通过)作业程序见图1.1。

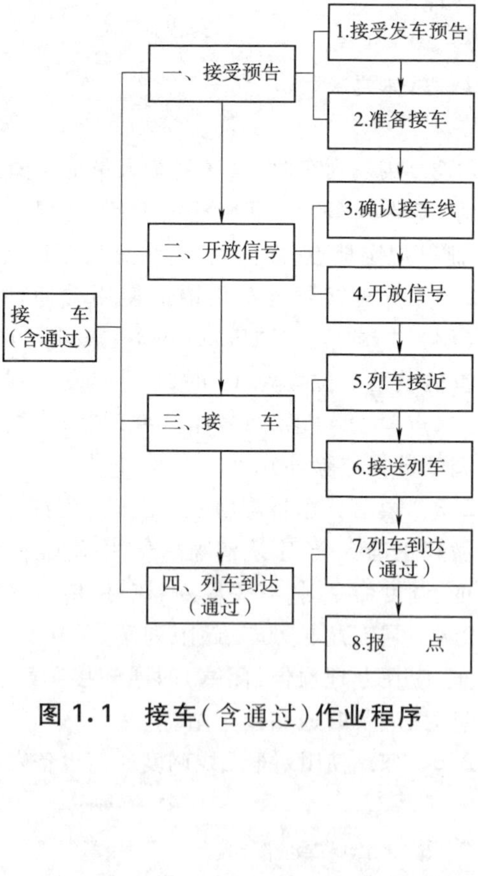

图1.1 接车(含通过)作业程序

3.1.2 发车作业程序图

发车作业程序见图1.2。

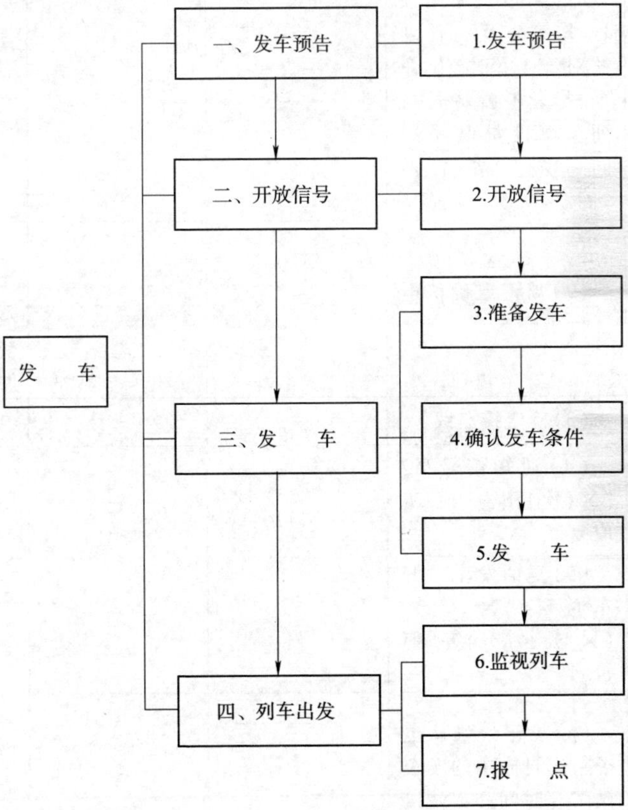

图1.2 发车作业程序

3.2 接发列车作业程序及技术要求

3.2.1 接车(含通过)作业

接车(含通过)作业程序和岗位作业技术要求见表1.1。

表 1.1 接车(含通过)作业程序和岗位作业技术要求

作业程序		岗位作业技术要求			事项要求
程序	项目	车站值班员	信号员	助理值班员	
一、接受预告	1. 接受发车预告	(1)听取发车站预告,按列车运行计划核对车次、时刻、命令、指示(必要时与列车调度员联系),同意发车站预告:“同意×(次)预告”	—	—	同意列车预告后,按《站细》规定通知有关人员
		(2)填记或确认电子行车日志	—	—	不能使用电子行车日志时,填写纸质行车日志
	2. 准备接车	(3)确定接车线	—	—	—
		(4)通知信号员:“×(次)预告”,并听取复诵	(1)复诵:“×(次)预告”	—	—
二、开放信号	3. 确认接车线	(5)复诵发车站开车通知:“×(次)、(×点)×(分)开[通过]”	—	—	—
		(6)填记或确认电子行车日志中的发车站发车时间和本站接车线	—	—	不能使用电子行车日志时,填写纸质行车日志
		(7)通知信号员、助理值班员:“×(次)开过来(了),×道**停车**[通过][到开]”,并听取复诵	(2)复诵:“×(次)开过来(了),×道**停车**[通过][到开]”	(1)复诵:“×(次)开过来(了),×道**停车**[通过][到开]”	—
		(8)按《站细》规定通知有关人员	—	—	—

表 1.1 接车(含通过)作业程序和岗位作业技术要求(续)

作业程序		岗位作业技术要求			事项要求
程序	项目	车站值班员	信号员	助理值班员	
二、开放信号	3.确认接车线	(9)确认接车线路空闲	—	—	—
		(10)通知信号员停止影响进路的调车作业并听取报告	(3)停止影响进路的调车作业。确认停止后报告	—	停止调车作业时机和通知、应答、报告用语,在《站细》内规定。无影响进路的调车作业时,此项作业省略
	4.开放信号	(11)确认列车运行计划后,通知信号员:"×(次)、×道**停车**[通过],开放信号"。听取复诵无误后,命令:"执行"	(4)复诵:"×(次)、×道**停车**[通过],开放信号"	—	接通过列车时,应先办理有关发车作业。 车站值班员认为需指定延续进路或办理变通进路时,一并通知
		(12)确认信号正确,应答:"×道进站信号好(了)"[通过时,应答:"×道进、出站信号好(了)"]	(5)开放进站信号,口呼:"进站",点击始端按钮;需办理变通进路时,口呼:"变通××",点击相应变通按钮;口呼:"×道"(正线通过时,口呼:"出站"),点击终端按钮;设有延续进路时,口呼:"延续××",点击相应延续进路按钮。确认光带、信号显示正确,口呼:"信号好(了)"	—	"变通××"中的"××"为按钮名称。 "延续××"中的"××"为延续的按钮或线路名称

表 1.1　接车（含通过）作业程序和岗位作业技术要求（续）

作业程序		岗位作业技术要求			事项要求
程序	项目	车站值班员	信号员	助理值班员	
三、接车	5. 列车接近	—	（6）通过信号操作终端监视信号及进路表示	—	—
		（13）再次确认信号正确，应答：“×（次）接近”	（7）第二（三）接近语音提示、光带变红，再次确认信号开放正确，口呼：“×（次）接近”	—	—
		（14）通知助理值班员：“×（次）接近，×道接车”，并听取复诵	—	（2）复诵：“×（次）接近，×道接车”	—
	6. 接送列车	—	—	（3）到《站细》规定地点接车，接通过列车时，眼看、手指出站信号，确认信号开放正确后，口呼“×道出站信号好（了）”	—
四、列车到达(通过)	7. 列车到达(通过)	—	（8）通过信号操作终端监视进路、信号及列车进（出）站	（4）监视列车进站，于列车停妥后返回。通过列车，于列车尾部越过接车地点，确认列车尾部标志后返回	—

表 1.1 接车(含通过)作业程序和岗位作业技术要求(续)

作业程序		岗位作业技术要求			事项要求
程序	项目	车站值班员	信号员	助理值班员	
四、列车到达(通过)	7. 列车到达(通过)	(15)应答:“好(了)”	(9)通过信号操作终端确认列车整列进入(通过)接车线,口呼:“×(次)到达[通过]”	—	—
		(16)对通过列车通知接车站:“×(次)、(×点)×(分)通过”,并听取复诵	—	—	—
		(17)填记或确认电子行车日志	—	—	不能使用电子行车日志时,填写纸质行车日志
	8. 报点	(18)计算机报点系统自动向列车调度员报点	—	—	不能自动报点时,向列车调度员报点:“×(站)报点,×(次)、(×点)×(分)到[通过]”

3.2.2 发车作业

发车作业程序和岗位作业技术要求见表 1.2。

表 1.2 发车作业程序和岗位作业技术要求

作业程序		岗位作业技术要求			事项要求
程序	项目	车站值班员	信号员	助理值班员	
一、发车预告	1. 发车预告	(1)根据列车运行计划,向接车站发出:“×(次)预告”,并听取同意发车的通知	—	—	—
		(2)填记或确认电子行车日志	—	—	不能使用电子行车日志时,填写纸质行车日志
二、开放信号	2. 开放信号	(3)通知信号员停止影响进路的调车作业并听取报告	(1)停止影响进路的调车作业。确认停止后报告	—	停止调车作业时机和通知、应答、报告用语,在《站细》内规定。无影响进路的调车作业时,此项作业省略
		(4)确认列车运行计划后,通知信号员:“×(次)、×道发车,开放信号”。听取复诵无误后,命令:“执行”	(2)复诵:“×(次)、×道发车,开放信号”	—	车站值班员认为需办理变通进路时,一并通知

表 1.2　发车作业程序和岗位作业技术要求(续)

作业程序		岗位作业技术要求			事项要求
程序	项目	车站值班员	信号员	助理值班员	
二、开放信号	2. 开放信号	(5)确认信号正确,应答:"×道出站信号好(了)"	(3)开放出站信号,口呼:"×道",点击始端按钮;需办理变通进路时,口呼:"变通××",点击相应变通按钮;口呼:"出站",点击终端按钮。确认光带、信号显示正确,口呼:"信号好(了)"	—	"变通××"中的"××"为按钮名称
三、发车	3. 准备发车	(6)通知助理值班员:"×(次)、×道发车",并听取复诵	—	(1)复诵:"×(次)×道发车"	助理值班员在室外作业时,可提前告知发车计划。 使用列车无线调度通信设备通知时,应在用语前增加姓名或代号
	4. 确认发车条件	—	(4)通过信号操作终端监视信号及进路表示	(2)发车前,眼看、手指出站信号,确认信号开放正确,口呼:"×道出站信号好(了)"	—
		—	—	(3)确认旅客上下、行包装卸和列检作业等完了(或得到通知)	—

表 1.2　发车作业程序和岗位作业技术要求(续)

作业程序		岗位作业技术要求			事项要求
程序	项目	车站值班员	信 号 员	助理值班员	
三、发车	5. 发车	—	—	(4)按规定站在适当地点,显示发车信号或使用列车无线调度通信设备发车	由车站值班员使用列车无线调度通信设备发车时,应确认发车条件具备(或得到报告)
四、列车出发	6. 监视列车	(7)列车起动后,及时通知接车站:"×(次)、(×点)×(分)开",并听取复诵	—	—	—
		(8)填记或确认电子行车日志	—	—	不能使用电子行车日志时,填写纸质行车日志
		(9)应答:"好(了)"	(5)通过信号操作终端确认列车整列出站,口呼:"×(次)出站"	(5)监视列车,于列车尾部越过发车地点,确认列车尾部标志后返回	—
	7. 报点	(10)计算机报点系统自动向列车调度员报点	—	—	不能自动报点时,向列车调度员报点:"×(站)报点,×(次)、(×点)×(分)开"

3.3 其他要求

3.3.1 本章适用于双线自动闭塞集中联锁设备设信号员的车站(神池南站、肃宁北站、黄骅南站、黄骅港站)接发列车作业。

3.3.2 开放信号时,执行"一看、二点击、三确认、四呼唤"及"眼看、手指、口呼"制度。眼看:看准应操纵的按钮;手指:鼠标箭头对准应确认的按钮;口呼:规定用语,吐字清晰。

3.3.3 一端有两个及以上列车运行方向,车站值班员布置进路、确认信号时,应以线名或邻站名区别方向("线"或"站"字可省略。分主次方向时,可只在次要方向增加线名或邻站名区分);有两个及以上车场或经路时,车站值班员办理预告、布置进路、确认信号,应区分车场或经路。具体办法在《站细》内规定。

3.3.4 列车区间运行时分小于规定的开放进站信号时分时,办理信号时机在《站细》内规定。

3.3.5 接发列车时,应按规定执行车机联控。

3.3.6 未设助理值班员的车站及助理值班员不参与发车的列车,由车站值班员按规定确认发车条件具备(或得到报告)后发车,同时本标准中其他涉及助理值班员的有关作业省略。确认发车条件的具体办法在《站细》内规定。

3.3.7 信号操作终端上使用的行车表示牌(帽、卡)及揭挂办法,在《站细》内规定。信号操作终端包括计算机联锁操作终端、继电联锁及非集中联锁控制台。

3.3.8 与本站(场)区有关作业人员间的联系、通知,可采用信息系统或设备通知(车站值班员布置进路及听取进路准备妥当的报告时除外),通知人员应及时确认被通知人员的签收回执,具体通知办法在《站细》内规定。

4　双线自动闭塞集中联锁(未设信号员)

4.1　接发列车作业程序图

4.1.1　接车(含通过)作业程序图

接车(含通过)作业程序见图1.3。

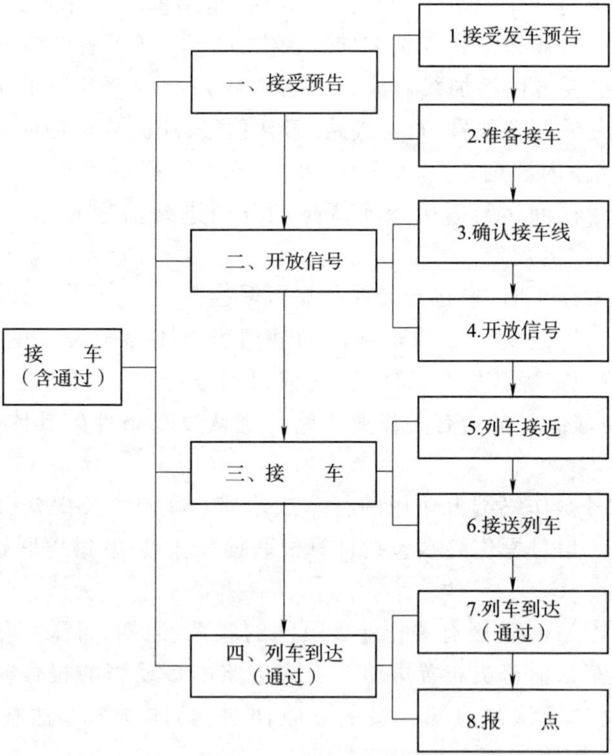

图1.3　接车(含通过)作业程序

4.1.2　发车作业程序图

发车作业程序见图1.4。

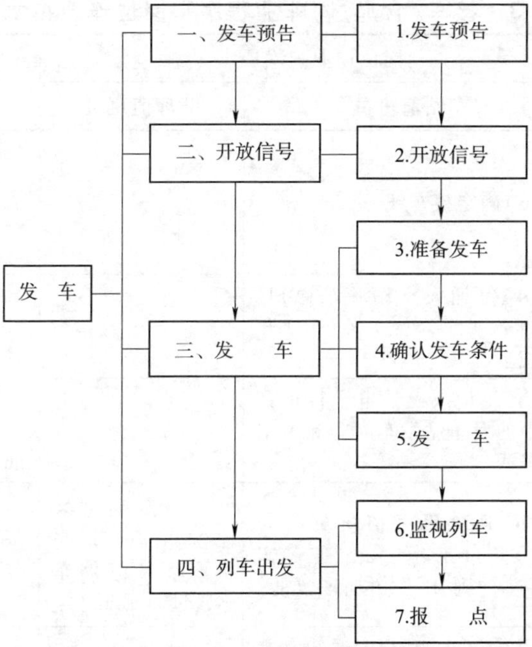

图 1.4　发车作业程序

4.2　接发列车作业程序及技术要求

4.2.1　接车(含通过)作业

接车(含通过)作业程序和岗位作业技术要求见表 1.3。

表 1.3　接车(含通过)作业程序和岗位作业技术要求

作业程序		岗位作业技术要求		事项要求
程序	项目	车站值班员	助理值班员	
一、接受预告	1. 接受发车预告	(1)听取发车站预告,按列车运行计划核对车次、时刻、命令、指示(必要时与列车调度员联系),同意发车站预告:“同意×(次)预告”	—	同意列车预告后,按《站细》规定通知有关人员
		(2)填记或确认电子行车日志	—	不能使用电子行车日志时,填写纸质行车日志

表 1.3　接车(含通过)作业程序和岗位作业技术要求(续)

作业程序		岗位作业技术要求		事项要求
程序	项目	车站值班员	助理值班员	
一、接受预告	2. 准备接车	(3)确定接车线	—	—
二、开放信号	3. 确认接车线	(4)复诵发车站开车通知:"×(次)、(×点)×(分)开[通过]"	—	—
		(5)填记或确认电子行车日志中的发车站发车时间和本站接车线	—	不能使用电子行车日志时,填写纸质行车日志
		(6)通知助理值班员:"×(次)开过来(了),×道**停车**[通过][到开]",并听取复诵	(1)复诵:"×(次)开过来(了),×道**停车**[通过][到开]"	—
		(7)按《站细》规定通知有关人员	—	—
		(8)确认接车线路空闲	—	—
		(9)停止影响进路的调车作业	—	停止调车作业的时机,在《站细》内规定。无影响进路的调车作业时,此项作业省略
	4. 开放信号	(10)确认列车运行计划后,开放进站信号,口呼:"进站",点击始端按钮;需办理变通进路时,口呼:"变通××",点击相应变通按钮;口呼:"×道"(正线通过时,口呼:"出站"),点击终端按钮;设有延续进路时,口呼:"延续××",点击延续进路相应按钮。确认光带、信号显示正确,口呼:"信号好(了)"	(2)通过信号操纵终端确认信号正确,应答:"×道进站信号好(了)"[通过时,应答:"×道进、出站信号好(了)"]	接通过列车时,应先办理有关发车作业。 "变通××"中的"××"为按钮名称。"延续××"中的"××"为延续的按钮或线路名称。 助理值班员在室外作业时,(2)项作业省略

表 1.3　接车(含通过)作业程序和岗位作业技术要求(续)

作业程序		岗位作业技术要求		事项要求
程序	项目	车站值班员	助理值班员	
三、接车	5. 列车接近	(11)通过信号操纵终端监视信号及进路表示	—	—
三、接车	5. 列车接近	(12)第二(三)接近语音提示、光带变红,再次确认信号开放正确,通知助理值班员:"×(次)接近,×道接车",并听取复诵	(3)通过信号操纵终端再次确认信号正确,复诵:"×(次)接近,×道接车"	—
三、接车	6. 接送列车	—	(4)到《站细》规定地点接车,接通过列车时,眼看、手指出站信号,确认信号开放正确后,口呼"×道出站信号好了"	—
四、列车到达(通过)	7. 列车到达(通过)	(13)通过信号操纵终端监视进路、信号及列车进(出)站	(5)监视列车进站,于列车停妥后返回。通过列车,于列车尾部越过接车地点,确认列车尾部标志后返回	—
四、列车到达(通过)	7. 列车到达(通过)	(14)通过信号操作终端确认列车整列进入(通过)接车线	—	—
四、列车到达(通过)	7. 列车到达(通过)	(15)对通过列车通知接车站:"×(次)、(×点)×(分)通过",并听取复诵	—	—
四、列车到达(通过)	7. 列车到达(通过)	(16)填记或确认电子行车日志		不能使用电子行车日志时,填写纸质行车日志
四、列车到达(通过)	8. 报点	(17)计算机报点系统自动向列车调度员报点	—	不能自动报点时,向列车调度员报点:"×(站)报点,×(次)、(×点)×(分)到[通过]"

4.2.2 发车作业

发车作业程序和岗位作业技术要求见表1.4。

表1.4 发车作业程序和岗位作业技术要求

作业程序		岗位作业技术要求		事项要求
程序	项目	车站值班员	助理值班员	
一、发车预告	1.发车预告	(1)根据列车运行计划,向接车站发出:“×(次)预告”,并听取同意的通知	—	—
		(2)填记或确认电子行车日志	—	不能使用电子行车日志时,填写纸质行车日志
二、开放信号	2.开放信号	(3)停止影响进路的调车作业	—	停止调车作业时机,在《站细》内规定。无影响进路的调车作业时,此项作业省略
		(4)确认列车运行计划后,开放出站信号,口呼:“×道”,点击始端按钮;需办理变通进路时,口呼:“变通××”,点击相应变通按钮;口呼:“出站”,点击终端按钮。确认光带、信号显示正确,口呼:“信号好(了)”	(1)通过信号操作终端确认信号正确,应答:“×道出站信号好(了)”	“变通××”中的“××”为按钮名称。 助理值班员在室外作业时,(1)项作业省略
三、发车	3.准备发车	(5)通知助理值班员:“×(次)、×道发车”,并听取复诵	(2)复诵:“×(次)×道发车”	助理值班员在室外作业时,可提前告知发车计划。使用列车无线调度通信设备通知时,应在用语前增加姓名或代号

表 1.4 发车作业程序和岗位作业技术要求(续)

作业程序		岗位作业技术要求		事项要求
程序	项目	车站值班员	助理值班员	
三、发车	4. 确认发车条件	(6)通过信号操作终端监视信号及进路表示	(3)发车前,眼看、手指出站信号,确认信号开放正确,口呼:"×道出站信号好(了)"	—
		—	(4)确认旅客上下、行包装卸和列检作业等完了(或得到通知)	—
	5. 发车	—	(5)按规定站在适当地点,显示发车信号或使用列车无线调度通信设备发车	由车站值班员使用列车无线调度通信设备发车时,应确认发车条件具备(或得到报告)
四、列车出发	6. 监视列车	(7)列车起动后,及时通知接车站:"×(次)、(×点)×(分)开",并听取复诵	—	—
		(8)填记或确认电子行车日志	—	不能使用电子行车日志时,填写纸质行车日志
		(9)通过信号操作终端确认列车整列出站	(6)监视列车,于列车尾部越过发车地点,确认列车尾部标志后返回	—
	7. 报点	(10)计算机报点系统自动向列车调度员报点	—	不能自动报点时,向列车调度员报点:"×(站)报点,×(次)、(×点)×(分)开"

4.3 其他要求

4.3.1 本章适用于双线自动闭塞集中联锁设备未设信号员的车站(宁武西站、龙宫站、北大牛站、原平南站、回凤站、东冶站、南湾站、滴流磴站、猴刎站、小觉站、古月站、西柏坡站、三汲站、灵寿站、行唐站、新曲站、定州西站、定州东站、安国站、博野站、蠡县站、太师庄站、河间站、行别营站、黎民居站、杜生站、沧州西站、李天木站、段庄站)接发列车作业。

4.3.2 开放信号时,执行"一看、二点击、三确认、四呼唤"及"眼看、手指、口呼"制度。眼看:看准应操纵的按钮;手指:鼠标箭头对准应确认的按钮;口呼:规定用语,吐字清晰。

4.3.3 一端有两个及以上列车运行方向,车站值班员布置进路、确认信号时,应以线名或邻站名区别方向("线"或"站"字可省略。分主次方向时,可只在次要方向增加线名或邻站名区分);有两个及以上车场或经路时,车站值班员办理预告、准备进路、确认信号,应区分车场或经路。具体办法在《站细》内规定。

4.3.4 列车区间运行时分小于规定的开放进站信号时分时,办理信号时机在《站细》内规定。

4.3.5 接发列车时,应按规定执行车机联控。

4.3.6 未设助理值班员的车站及助理值班员不参与发车的列车,由车站值班员按规定确认发车条件具备(或得到报告)后发车,同时本标准中其他涉及助理值班员的有关作业省略。确认发车条件的具体办法在《站细》内规定。

4.3.7 信号操作终端上使用的行车表示牌(帽、卡)及揭挂办法,在《站细》内规定。信号操作终端包括计算机联锁操作终端、继电联锁及非集中联锁控制台。

4.3.8 与本站(场)区有关作业人员间的联系、通知,可采用信息系统或设备通知,通知人员应及时确认被通知人员的签收回执,具体通知办法在《站细》内规定。

5　单(双)线半自动闭塞集中联锁(设信号员)

5.1　接发列车作业程序图

5.1.1　接车(含通过)作业程序图

接车(含通过)作业程序见图 1.5。

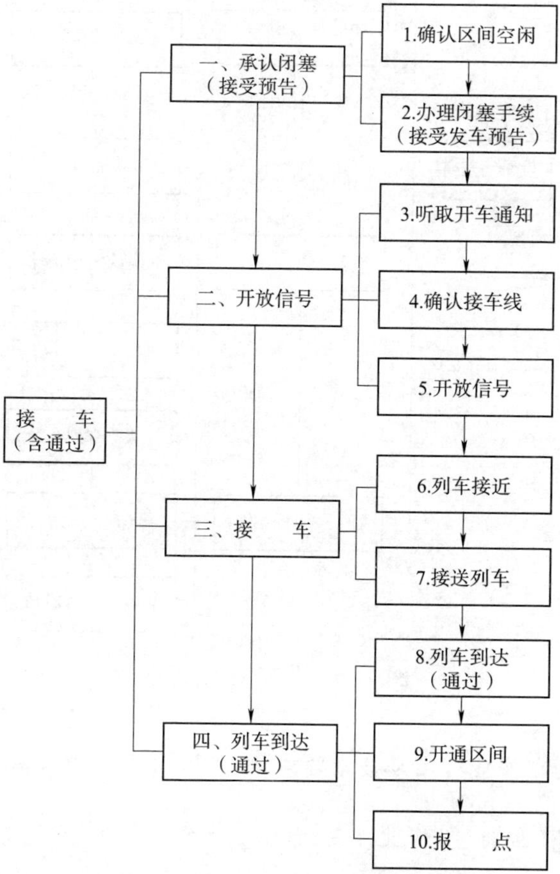

图 1.5　接车(含通过)作业程序

5.1.2 发车作业程序图

发车作业程序见图1.6。

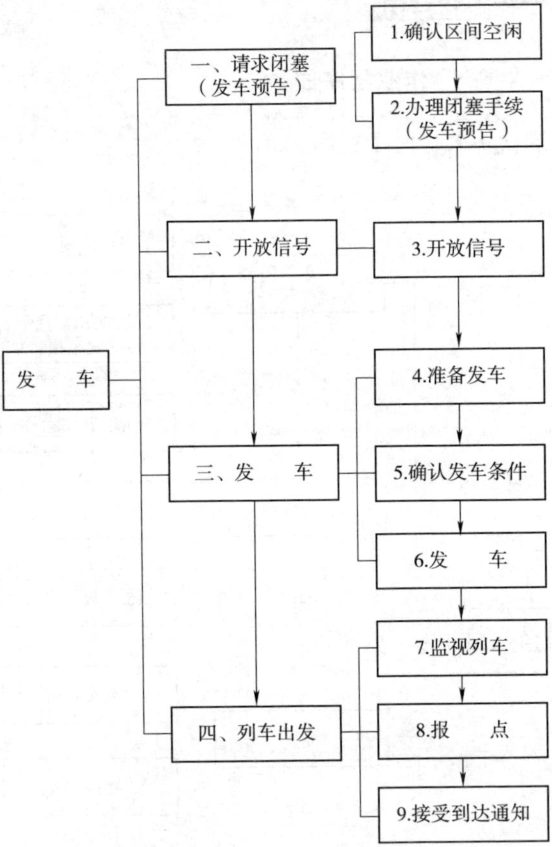

图1.6 发车作业程序

5.2 接发列车作业程序及技术要求

5.2.1 接车（含通过）作业

接车（含通过）作业程序和岗位作业技术要求见表1.5。

表1.5　接车(含通过)作业程序和岗位作业技术要求

<table>
<tr><th colspan="2">作业程序</th><th colspan="3">岗位作业技术要求</th><th rowspan="2">事项要求</th></tr>
<tr><th>程序</th><th>项目</th><th>车站值班员</th><th>信号员</th><th>助理值班员</th></tr>
<tr><td rowspan="5">一、承认闭塞(接受预告)</td><td rowspan="2">1.确认区间空闲</td><td>(1)听取发车站请求闭塞(双线为发车站预告),按列车运行计划核对车次、时刻、命令、指示(必要时与列车调度员联系)</td><td>—</td><td>—</td><td>—</td></tr>
<tr><td>(2)根据闭塞表示灯、行车日志及各种行车表示牌,确认区间空闲</td><td>—</td><td>—</td><td>—</td></tr>
<tr><td rowspan="3">2.办理闭塞手续(接受发车预告)</td><td>(3)同意闭塞:“同意×(次)闭塞”[双线同意预告:“同意×(次)预告”]</td><td>—</td><td>—</td><td>同意列车闭塞(预告)后,按《站细》规定通知有关人员</td></tr>
<tr><td>(4)通知信号员:“办理×(次)闭塞”[双线:“×(次)预告”],并听取复诵</td><td>(1)复诵:“办理×(次)闭塞”[双线:“×(次)预告”]</td><td>—</td><td>—</td></tr>
<tr><td>(5)确认无误后,应答:“×(次)闭塞好(了)”</td><td>(2)一听语音(铃响)、二看黄色箭头(黄灯)、三点击闭塞按钮、四确认绿色箭头(绿灯),口呼:“×(次)闭塞好(了)”</td><td>—</td><td>双线无此项作业</td></tr>
</table>

表 1.5　接车(含通过)作业程序和岗位作业技术要求(续)

作业程序		岗位作业技术要求			事项要求
程序	项目	车站值班员	信号员	助理值班员	
一、承认闭塞(接受预告)	2. 办理闭塞手续(接受发车预告)	(6)填记或确认电子行车日志	—	—	不能使用电子行车日志时，填写纸质行车日志
		(7)确定接车线	—	—	—
		(8)通知信号员、助理值班员：“×(次)、×道**停车**[通过][到开]”，并听取复诵	(3)复诵：“×(次)、×道**停车**[通过][到开]”	(1)复诵：“×(次)、×道**停车**[通过][到开]”	—
二、开放信号	3. 听取开车通知	(9)复诵发车站开车通知：“×(次)、(×点)×(分)**开**[通过]”	—	—	—
		(10)填记或确认电子行车日志中的发车站发车时间和本站接车线	—	—	不能使用电子行车日志时，填写纸质行车日志
		(11)通知信号员及助理值班员：“×(次)开过来(了)”，并听取复诵	(4)复诵：“×(次)开过来(了)”	(2)复诵：“×(次)开过来(了)”	—
		(12)按《站细》规定通知有关人员	—	—	—

表 1.5　接车（含通过）作业程序和岗位作业技术要求（续）

作业程序		岗位作业技术要求			事项要求
程序	项目	车站值班员	信号员	助理值班员	
二、开放信号	4.确认接车线	（13）确认接车线路空闲	—	—	—
		（14）通知信号员停止影响进路的调车作业并听取报告	（5）停止影响进路的调车作业。确认停止后报告	—	停止调车作业时机，在《站细》内规定。无影响进路的调车作业时，此项作业省略
	5.开放信号	（15）确认列车运行计划后，通知信号员："×（次）、×道**停车**［通过］，开放信号"。听取复诵无误后，命令："执行"	（6）复诵："×（次）、×道**停车**［通过］，开放信号"	—	接通过列车时，应先办理有关发车作业。 车站值班员认为需指定延续进路或办理变通进路时，一并通知
		（16）确认信号正确，应答："×道进站信号好（了）"［通过时，应答："×道进、出站信号好（了）"］	（7）开放进站信号，口呼："进站"，点击始端按钮；需办理变通进路时，口呼："变通××"，点击相应变通按钮；口呼"×道"（正线通过时，口呼："出站"），点击终端按钮；设有延续进路时，口呼："延续××"，点击延续进路相应按钮。确认光带、信号显示正确，口呼："信号好（了）"	—	"变通××"中的"××"为按钮名称。 "延续××"中的"××"为延续的按钮或线路名称

表 1.5　接车(含通过)作业程序和岗位作业技术要求(续)

作业程序		岗位作业技术要求			事项要求
程序	项目	车站值班员	信号员	助理值班员	
三、接车	6. 列车接近	—	(8)通过信号操作终端监视信号及进路表示	—	—
		(17)再次确认信号正确,应答:"×(次)接近"	(9)接近语音提示(接近铃响)、光带变红,再次确认信号开放正确,口呼:"×(次)接近"	—	—
		(18)通知助理值班员:"×(次)接近,×道接车",并听取复诵	—	(3)复诵:"×(次)接近,×道接车"	—
	7. 接送列车	—	—	(4)到《站细》规定地点接车。接通过列车时,眼看、手指出站信号确认信号开放正确,口呼"×道出站信号好(了)"	—

表 1.5　接车(含通过)作业程序和岗位作业技术要求(续)

作业程序		岗位作业技术要求			事项要求
程序	项目	车站值班员	信 号 员	助理值班员	
四、列车到达(通过)	8. 列车到达(通过)	—	(10)通过信号操作终端监视进路、信号及列车进(出)站	(5)监视列车进站,于列车停妥后(货物列车未装列尾装置或列尾装置故障时,确认列车整列到达后)返回。通过列车,于列车尾部越过接车地点,确认列车尾部标志后返回	—
		(19)应答"好(了)"	(11)通过信号操作终端确认列车整列进入(通过)接车线,口呼:"×(次)**到达**[通过]"	—	—
		(20)对通过列车通知接车站:"×(次)、(×点)×(分)通过",并听取复诵	—	—	—
		(21)填记或确认电子行车日志	—	—	不能使用电子行车日志时,填写纸质行车日志

表 1.5　接车(含通过)作业程序和岗位作业技术要求(续)

作业程序		岗位作业技术要求			事项要求
程序	项目	车站值班员	信号员	助理值班员	
四、列车到达(通过)	9. 开通区间	(22)通知信号员:"开通×(站)区间",并听取复诵	(13)复诵:"开通×(站)区间"	—	货物列车未装列尾装置或列尾装置故障时,确认列车整列到达后,方可办理区间开通手续
		(23)确认无误后,应答:"好(了)"	(14)一看闭塞表示灯、二点击闭塞(复原)按钮、三确认灯光熄灭,口呼:"×(站)区间开通"	—	—
	10. 报点	(24)通知发车站:"×(次)、(×点)×(分)到",并听取复诵	—	—	—
		(25)计算机报点系统自动向列车调度员报点	—	—	不能自动报点时,向列车调度员报点:"×(站)报点,×(次)、(×点)×(分)到[通过]"

5.2.2　发车作业

发车作业程序和岗位作业技术要求见表 1.6。

表 1.6　发车作业程序和岗位作业技术要求

作业程序		岗位作业技术要求			事项要求
程序	项目	车站值班员	信号员	助理值班员	
一、请求闭塞(发车预告)	1. 确认区间空闲	(1)确认列车运行计划;根据闭塞表示灯、行车日志及各种行车表示牌,确认区间空闲	—	—	—
	2. 办理闭塞手续(发车预告)	(2)请求闭塞:"×(次)闭塞"[双线:"×(次)预告"],并听取同意的通知	—	—	—
		(3)通知信号员:"办理×(次)闭塞",并听取复诵	(1)复诵:"办理×(次)闭塞"	—	双线无此项作业
		(4)确认无误后,应答:"×(次)闭塞好(了)"	(2)一点击闭塞按钮、二听语音(铃响)、三看黄色箭头(黄灯)变绿,口呼:"×(次)闭塞好(了)"	—	
		(5)填记或确认电子行车日志	—	—	不能使用电子行车日志时,填写纸质行车日志

表 1.6　发车作业程序和岗位作业技术要求(续)

作业程序		岗位作业技术要求			事项要求
程序	项目	车站值班员	信号员	助理值班员	
二、开放信号	3. 开放信号	(6)通知信号员停止影响进路的调车作业并听取报告	(3)停止影响进路的调车作业。确认停止后报告	—	停止调车作业时机和通知、应答、报告用语,在《站细》内规定。无影响进路的调车作业时,此项作业省略
		(7)确认列车运行计划后,通知信号员:"×(次)、×道发车,开放信号"。听取复诵无误后,命令:"执行"	(4)复诵:"×(次)、×道发车,开放信号"	—	车站值班员认为需办理变通进路时,一并通知
		(8)确认信号正确,应答:"×道出站信号好(了)"	(5)开放出站信号,口呼:"×道",点击始端按钮;需办理变通进路时,口呼:"变通××",点击相应变通按钮;口呼:"出站",点击终端按钮。确认光带、信号显示正确,口呼:"信号好(了)"	—	"变通××"中的"××"为按钮名称

表 1.6 发车作业程序和岗位作业技术要求(续)

作业程序		岗位作业技术要求			事项要求
程序	项目	车站值班员	信 号 员	助理值班员	
三、发车	4. 准备发车	(9)通知助理值班员:"×(次)、×道发车",并听取复诵	—	(1)复诵:"×(次)×道发车"	助理值班员在室外作业时,可提前告知发车计划。 使用列车无线调度通信设备通知时,应在用语前增加姓名或代号
	5. 确认发车条件	—	(6)通过信号操作终端监视信号及进路表示	(2)发车前眼看、手指出站信号,确认出站信号开放正确,口呼"×道出站信号好了"	—
		—	—	(3)确认旅客上下、行包装卸和列检作业等完了(或得到通知)	—
	6. 发车	—	—	(4)按规定站在适当地点,显示发车信号或使用列车无线调度通信设备发车	由车站值班员使用列车无线调度通信设备发车时,应确认发车条件具备(或得到报告)

表 1.6　发车作业程序和岗位作业技术要求(续)

作业程序		岗位作业技术要求			事项要求
程序	项目	车站值班员	信号员	助理值班员	
四、列车出发	7. 监视列车	(10)列车起动后，及时通知接车站：“×(次)、(×点)×(分)开”，并听取复诵	—	—	—
		(11)填记或确认电子行车日志	—	—	不能使用电子行车日志时，填写纸质行车日志
		(12)应答：“好(了)”	(7)通过信号操作终端确认列车整列出站，口呼：“×(次)出站”	(5)监视列车，于列车尾部越过发车地点，确认列车尾部标志后返回	—
	8. 报点	(13)计算机报点系统自动向列车调度员报点	—	—	不能自动报点时，向列车调度员报点：“×(站)报点，×(次)、(×点)×(分)开”
	9. 接受到达通知	(14)复诵接车站列车到达通知	(8)确认闭塞表示灯熄灭	—	—
		(15)填记或确认电子行车日志	—	—	不能使用电子行车日志时，填写纸质行车日志

5.3 其他要求

5.3.1 本章适用于单(双)线半自动闭塞集中联锁设备设信号员的车站(神池南站、肃宁北站、神港站、黄骅南站)接发列车作业。

5.3.2 开放信号时,执行"一看、二点击、三确认、四呼唤"及"眼看、手指、口呼"制度。眼看:看准应操纵的按钮;手指:鼠标箭头对准应确认的按钮;口呼:规定用语,吐字清晰。

5.3.3 一端有两个及以上列车运行方向,车站值班员布置进路、确认信号时,应以线名或邻站名区别方向("线"或"站"字可省略。分主次方向时,可只在次要方向增加线名或邻站名区分);有两个及以上车场或经路时,车站值班员办理闭塞(预告)、布置进路、确认信号,应区分车场和经路。具体办法在《站细》内规定。

5.3.4 列车区间运行时分小于规定的开放进站信号时分时,办理信号时机在《站细》内规定。

5.3.5 接发列车时,应按规定执行车机联控。

5.3.6 未设助理值班员的车站及助理值班员不参与发车的列车,由车站值班员按规定确认发车条件具备(或得到报告)后发车,对货物列车未装列尾装置或列尾装置故障时,应亲自或指派胜任人员确认列车尾部标志,同时本标准中其他涉及助理值班员的有关作业省略。确认发车条件的具体办法在《站细》内规定。

5.3.7 信号操作终端上使用的行车表示牌(帽、卡)及揭挂办法,在《站细》内规定。信号操作终端包括计算机联锁操作终端、继电联锁及非集中联锁控制台。

5.3.8 与本站(场)区有关作业人员间的联系、通知,可采用信息系统或设备通知(车站值班员布置进路及听取进路准备妥当的报告时除外),通知人员应及时确认被通知人员的签收回执,具体通知办法在《站细》内规定。

6 单(双)线半自动闭塞集中联锁(未设信号员)

6.1 接发列车作业程序图

6.1.1 接车(含通过)作业程序图

接车(含通过)作业程序见图1.7。

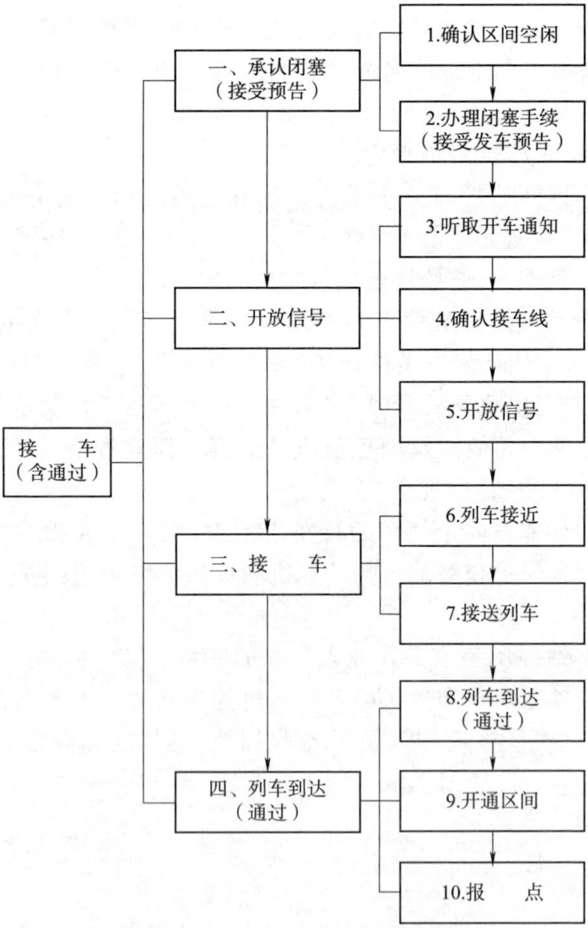

图1.7 接车(含通过)作业程序

6.1.2 发车作业程序图

发车作业程序见图 1.8。

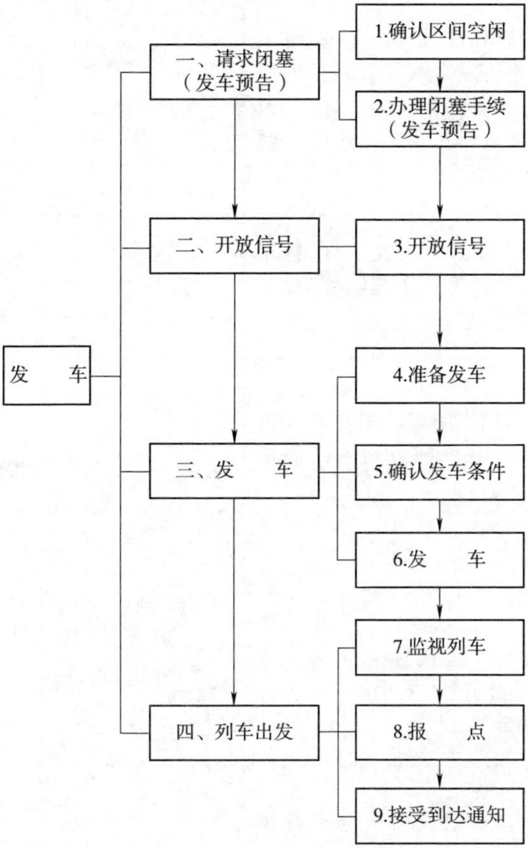

图 1.8　发车作业程序

6.2 接发列车作业程序及技术要求

6.2.1 接车（含通过）作业

接车（含通过）作业程序和岗位作业技术要求见表 1.7。

表 1.7　接车(含通过)作业程序和岗位作业技术

作业程序		岗位作业技术要求		事项要求
程序	项目	车站值班员	助理值班员	
一、承认闭塞(接受预告)	1. 确认区间空闲	(1)听取发车站请求闭塞(双线为发车站预告),按列车运行计划核对车次、时刻、命令、指示(必要时与列车调度员联系)	—	—
		(2)根据闭塞表示灯、行车日志及各种行车表示牌,确认区间空闲	—	—
	2. 办理闭塞手续(接受发车预告)	(3)同意闭塞:“同意×(次)闭塞”[双线同意预告:“同意×(次)预告”]	—	同意列车闭塞(预告)后,按《站细》规定通知有关人员
		(4)一听语音(铃响)、二看黄色箭头(黄灯)、三点击闭塞按钮、四确认绿色箭头(绿灯),口呼:“×(次)闭塞好(了)”	(1)确认无误后,应答:“×(次)闭塞好(了)”	双线无此项作业。 助理值班员在室外作业时,(1)项作业省略
		(5)填记或确认电子行车日志	—	不能使用电子行车日志时,填写纸质行车日志
		(6)确定接车线	—	—
		(7)通知助理值班员:“×(次)、×道**停车**[通过][到开]”,并听取复诵	(2)复诵:“×(次)、×道**停车**[通过][到开]”	—

表 1.7　接车(含通过)作业程序和岗位作业技术(续)

<table>
<tr><th colspan="2">作业程序</th><th colspan="2">岗位作业技术要求</th><th rowspan="2">事项要求</th></tr>
<tr><th>程序</th><th>项目</th><th>车站值班员</th><th>助理值班员</th></tr>
<tr><td rowspan="9">二、开放信号</td><td rowspan="4">3. 听取开车通知</td><td>(8)复诵发车站开车通知:“×(次)、(×点)×(分)开[通过]”</td><td>—</td><td>—</td></tr>
<tr><td>(9)填记或确认电子行车日志中的发车站发车时间和本站接车线</td><td>—</td><td>不能使用电子行车日志时,填写纸质行车日志</td></tr>
<tr><td>(10)通知助理值班员:“×(次)开过来(了)”,并听取复诵</td><td>(3)复诵:“×(次)开过来(了)”</td><td>—</td></tr>
<tr><td>(11)按《站细》规定通知有关人员</td><td>—</td><td>—</td></tr>
<tr><td rowspan="2">4. 确认接车线</td><td>(12)确认接车线路空闲</td><td>—</td><td>—</td></tr>
<tr><td>(13)停止影响进路的调车作业</td><td>—</td><td>停止调车作业时机,在《站细》内规定。无影响进路的调车作业,此项作业省略</td></tr>
<tr><td>5. 开放信号</td><td>(14)确认列车运行计划后,开放进站信号,口呼:“进站”,点击始端按钮;需办理变通进路时,口呼:“变通××”,点击相应变通按钮;口呼:“×道”(正线通过时,口呼:“出站”),点击终端按钮;设有延续进路时,口呼:“延续××”,点击延续进路相应按钮。确认光带、信号显示正确,口呼:“信号好(了)”</td><td>(4)通过信号操作终端确认信号正确,应答:“×道进站信号好(了)”[通过时,应答:“×道进、出站信号好(了)”]</td><td>接通过列车时,应先办理有关发车作业。
“变通××”中的“××”为按钮名称。
“延续××”中的“××”为延续的按钮或线路名称。
助理值班员在室外接发车时,(4)项作业省略</td></tr>
</table>

表 1.7　接车(含通过)作业程序和岗位作业技术(续)

作业程序		岗位作业技术要求		事项要求
程序	项目	车站值班员	助理值班员	
三、接车	6. 列车接近	(15)通过信号操作终端监视信号及进路表示	—	—
		(16)接近语音提示(接近铃响)、光带变红时,再次确认信号开放正确	—	—
		(17)通知助理值班员:"×(次)接近,×道接车",并听取复诵	(5)通过信号操作终端再次确认信号正确,复诵:"×(次)接近,×道接车"	—
	7. 接送列车	—	(6)到《站细》规定地点接车。接通过列车时,眼看、手指出站信号,确认信号开放正确,口呼"×道出站信号好(了)"	—
四、列车到达(通过)	8. 列车到达(通过)	(18)通过信号操作终端监视进路、信号及列车进(出)站	(7)监视列车进站,于列车停妥后(货物未装列尾装置或列尾装置故障时,确认列车整列到达后)返回。通过列车,于列车尾部越过接车地点,确认尾部标志后返回	—
		(19)通过信号操作终端确认列车整列进入(通过)接车线	—	—
		(20)对通过列车通知接车站:"×(次)、(×点)×(分)通过",并听取复诵	—	—

表 1.7　接车(含通过)作业程序和岗位作业技术(续)

作业程序		岗位作业技术要求		事项要求
程序	项目	车站值班员	助理值班员	
四、列车到达(通过)	8. 列车到达(通过)	(21)填记或确认电子行车日志	—	不能使用电子行车日志时,填写纸质行车日志
	9. 开通区间	(22)开通区间,一看闭塞表示灯、二点击闭塞(复原)按钮、三确认灯光熄灭	—	货物列车未装列尾装置或列尾装置故障时,确认列车整列到达后,方可办理区间开通手续
		(23)通知发车站:"×(次)、(×点)×(分)到",并听取复诵	—	—
	10. 报点	(24)计算机报点系统自动向列车调度员报点	—	不能自动报点时,向列车调度员报点:"×(站)报点,×(次)、(×点)×(分)到[通过]"

6.2.2　发车作业

发车作业程序和岗位作业技术要求见表 1.8。

表 1.8　发车作业程序和岗位作业技术要求

作业程序		岗位作业技术要求		事项要求
程序	项目	车站值班员	助理值班员	
一、请求闭塞(发车预告)	1. 确认区间空闲	(1)确认列车运行计划;根据闭塞表示灯、行车日志及各种行车表示牌,确认区间空闲	—	—
	2. 办理闭塞手续(发车预告)	(2)请求闭塞:“×(次)闭塞”[双线:“×(次)预告”],并听取同意的通知	—	—
		(3)一点击闭塞按钮、二听语音(铃响)、三看黄色箭头(黄灯)变绿,口呼:“×(次)闭塞好(了)”	(1)确认无误后,应答:“×(次)闭塞好(了)”	双线无此项作业。 助理值班员在室外作业时,(1)项作业省略
		(4)填记或确认电子行车日志	—	不能使用电子行车日志时,填写纸质行车日志
二、开放信号	3. 开放信号	(5)停止影响进路的调车作业	—	停止调车作业时机,在《站细》内规定。无影响进路的调车作业时,此项作业省略
		(6)确认列车运行计划后,开放出站信号,口呼:“×道”,点击始端按钮;需办理变通进路时,口呼:“变通××”,点击相应变通按钮;口呼:“出站”,点击终端按钮。确认光带、信号显示正确,口呼:“信号好(了)”	(2)通过信号操作终端确认信号正确,应答:“×道出站信号好(了)”	“变通××”中的“××”为按钮名称。 助理值班员在室外作业时,(2)项作业省略

表 1.8　发车作业程序和岗位作业技术要求(续)

作业程序		岗位作业技术要求		事项要求
程序	项目	车站值班员	助理值班员	
三、发车	4. 准备发车	(7)通知助理值班员:"×(次)、×道发车",并听取复诵	(3)复诵:"×(次)×道发车"	助理值班员在室外作业时,可提前告知发车计划。 使用列车无线调度通信设备通知时,应在用语前增加姓名或代号
	5. 确认发车条件	(8)通过信号操作终端监视信号及进路表示	(4)发车前眼看、手指出站信号,确认出站信号开放正确,口呼"×道站出站信号好了"	—
		—	(5)确认旅客上下、行包装卸和列检作业等完了(或得到通知)	—
	6. 发车	—	(6)按规定站在适当地点,显示发车信号或使用列车无线调度通信设备发车	由车站值班员使用列车无线调度通信设备发车时,应确认发车条件具备(或得到报告)

表1.8　发车作业程序和岗位作业技术要求(续)

作业程序		岗位作业技术要求		事项要求
程序	项目	车站值班员	助理值班员	
四、列车出发	7. 监视列车	(9)列车起动后,及时通知接车站:"×(次)、(×点)×(分)开",并听取复诵	—	—
		(10)填记或确认电子行车日志	—	不能使用电子行车日志时,填写纸质行车日志
		(11)通过信号操作终端确认列车整列出站	(7)监视列车,于列车尾部越过发车地点,确认列车尾部标志后返回	—
	8. 报点	(12)计算机报点系统自动向列车调度员报点	—	不能自动报点时,向列车调度员报点:"×(站)报点,×(次)、(×点)×(分)开"
	9. 接受到达通知	(13)复诵接车站列车到达通知,并确认闭塞表示灯熄灭	—	—
		(14)填记或确认电子行车日志	—	不能使用行车日志时,填写纸质行车日志

6.3 其他要求

6.3.1 本章适用于单(双)线半自动闭塞集中联锁设备未设信号员的车站(东冶站、西柏坡站、定州西站、李天木站、大港水库站)接发列车作业。

6.3.2 开放信号时,执行“一看、二点击、三确认、四呼唤”及“眼看、手指、口呼”制度。眼看:看准应操纵的按钮;手指:鼠标箭头对准应确认的按钮;口呼:规定用语,吐字清晰。

6.3.3 一端有两个及以上列车运行方向,车站值班员准备进路、确认信号时,应以线名或邻站名区别方向(“线”或“站”字可省略。分主次方向时,可只在次要方向增加线名或邻站名区分);有两个及以上车场或经路时,车站值班员办理闭塞(预告)、准备进路、确认信号,应区分车场或经路。具体办法在《站细》内规定。

6.3.4 列车区间运行时分小于规定的开放进站信号时分时,办理信号时机在《站细》内规定。

6.3.5 接发列车时,应按规定执行车机联控。

6.3.6 未设助理值班员的车站及助理值班员不参与发车的列车,由车站值班员按规定确认发车条件具备(或得到报告)后发车,对货物列车未装列尾装置或列尾装置故障时,应亲自或指派胜任人员确认列车尾部标志,同时本标准中其他涉及助理值班员的有关作业省略。确认发车条件的具体办法在《站细》内规定。

6.3.7 信号操作终端上使用的行车表示牌(帽、卡)及揭挂办法,在《站细》内规定。信号操作终端包括计算机联锁操作终端、继电联锁及非集中联锁控制台。

6.3.8 与本站(场)区有关作业人员间的联系、通知,可采用信息系统或设备通知,通知人员应及时确认被通知人员的签收回执,具体通知办法在《站细》内规定。

7　自动站间闭塞集中联锁(设信号员)

7.1　接发列车作业程序图

7.1.1　接车(含通过)作业程序图

接车(含通过)作业程序见图1.9。

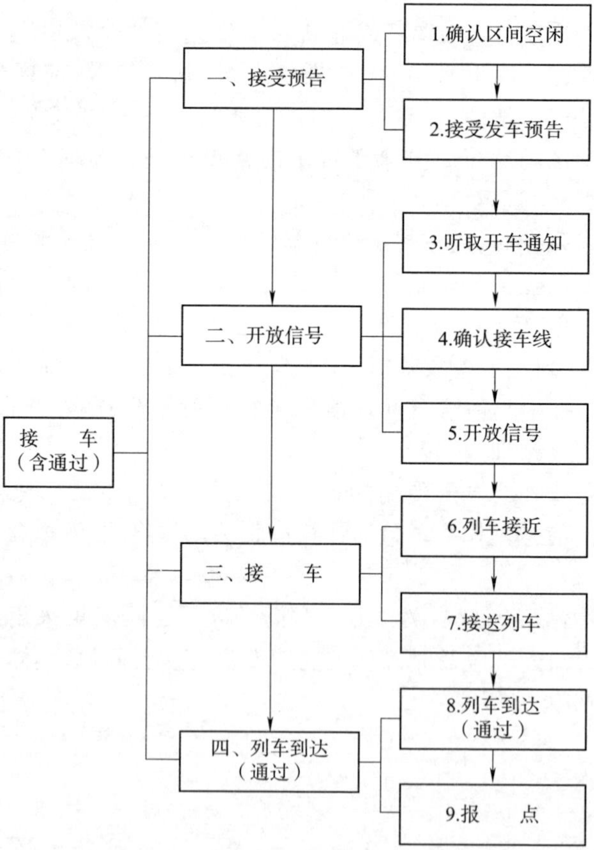

图1.9　接车(含通过)作业程序

7.1.2　发车作业程序图

发车作业程序见图 1.10。

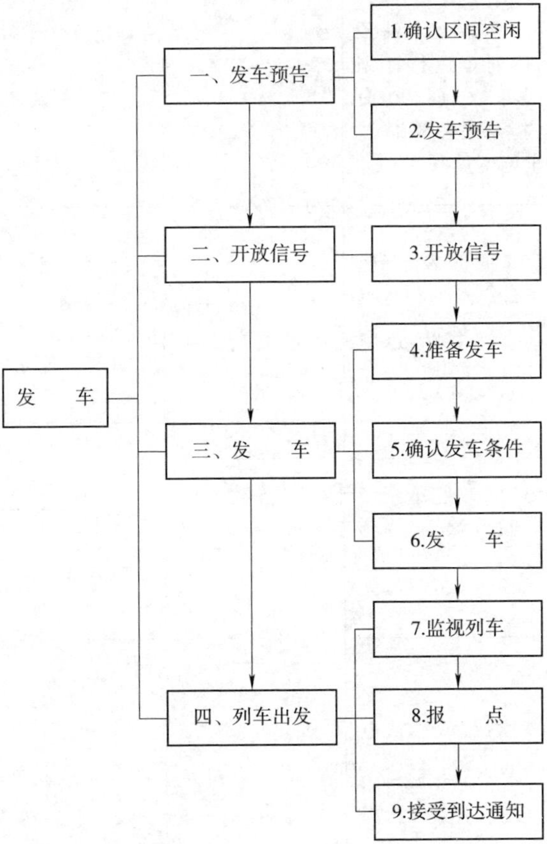

图 1.10　发车作业程序

7.2　接发列车作业程序及技术要求

7.2.1　接车(含通过)作业

接车(含通过)作业程序和岗位作业技术要求见表 1.9。

表1.9 接车(含通过)作业程序和岗位作业技术要求

作业程序		岗位作业技术要求			事项要求
程序	项目	车站值班员	信号员	助理值班员	
一、接受预告	1. 确认区间空闲	(1)听取发车站预告,按列车运行计划核对车次、时刻、命令、指示(必要时与列车调度员联系)	—	—	—
		(2)根据表示灯、行车日志及各种行车表示牌,确认区间空闲	—	—	使用计轴设备的,并应通过计轴设备确认区间空闲
	2. 接受发车预告	(3)同意发车站预告:“同意×(次)预告”	—	—	同意列车预告后,按《站细》规定通知有关人员
		(4)填记或确认电子行车日志	—	—	不能使用电子行车日志时,填写纸质行车日志
		(5)确定接车线	—	—	—
		(6)通知信号员、助理值班员:“×(次)预告、×道停车[通过][到开]”,并听取复诵	(1)复诵:“×(次)预告、×道停车[通过][到开]”	(1)复诵:“×(次)预告、×道停车[通过][到开]”	—

表1.9　接车(含通过)作业程序和岗位作业技术要求(续)

作业程序		岗位作业技术要求			事项要求
程序	项目	车站值班员	信 号 员	助理值班员	
二、开放信号	3.听取开车通知	(7)复诵发车站开车通知:“×(次)、(×点)×(分)开[通过]”	—	—	—
		(8)填记或确认电子行车日志中的发车站发车时间和本站接车线	—	—	不能使用电子行车日志时,填写纸质行车日志
		(9)通知信号员及助理值班员:“×(次)开过来(了)”,并听取复诵	(2)复诵:“×(次)开过来(了)”	(2)复诵:“×(次)开过来(了)”	—
		(10)按《站细》规定通知有关人员	—	—	—
	4.确认接车线	(11)确认接车线路空闲	—	—	—
		(12)通知信号员停止影响进路的调车作业并听取报告	(3)停止影响进路的调车作业。确认停止后报告	—	停止调车作业时机和通知、应答、报告用语,在《站细》内规定。无影响进路的调车作业时,此项作业省略

表 1.9　接车(含通过)作业程序和岗位作业技术要求(续)

作业程序		岗位作业技术要求			事项要求
程序	项目	车站值班员	信号员	助理值班员	
二、开放信号	5. 开放信号	(13)确认列车运行计划后,通知信号员:"×(次)、×道**停车**[通过],开放信号"。听取复诵无误后,命令:"执行"	(4)复诵:"×(次)、×道**停车**[通过],开放信号"	—	接通过列车时,应先办理有关发车作业。 车站值班员认为需指定延续进路或办理变通进路时,一并通知
		(14)确认信号正确,应答:"×道进站信号好(了)"[通过时,应答:"×道进、出站信号好(了)"]	(5)开放进站信号,口呼:"进站",点击始端按钮;需办理变通进路时,口呼:"变通××",点击相应变通按钮;口呼"×道"(正线通过时,口呼:"出站"),点击终端按钮;设有延续进路时,口呼:"延续××",点击延续进路相应按钮。确认光带、信号显示正确,口呼:"信号好(了)"	—	"变通××"中的"××"为按钮名称。 "延续××"中的"××"为延续的按钮或线路名称

表1.9 接车(含通过)作业程序和岗位作业技术要求(续)

作业程序		岗位作业技术要求			事项要求
程序	项目	车站值班员	信号员	助理值班员	
三、接车	6.列车接近	—	(6)通过信号操作终端监视信号及进路表示	—	—
		(15)再次确认信号正确,应答:“×(次)接近”	(7)接近语音提示(接近铃响)、光带变红,再次确认信号开放正确,口呼:“×(次)接近”	—	—
		(16)通知助理值班员:“×(次)接近,×道接车”,并听取复诵	—	(3)复诵:“×(次)接近,×道接车”	—
	7.接送列车	—	—	(4)到《站细》规定地点接车。接通过列车时,眼看、手指出站信号,确认信号开放正确,口呼:“×道出站信号好(了)”	—
四、列车到达(通过)	8.列车到达(通过)	—	(8)通过信号操作终端监视进路、信号及列车进(出)站	(5)监视列车进站,于列车停妥后返回。通过列车,于列车尾部越过接车地点,确认列车尾部标志后返回	—

表 1.9 接车（含通过）作业程序和岗位作业技术要求（续）

作业程序		岗位作业技术要求			事项要求
程序	项目	车站值班员	信号员	助理值班员	
四、列车到达（通过）	8. 列车到达（通过）	（17）应答："好（了）"	（9）通过信号操作终端确认列车整列进入（通过）接车线、区间空闲。口呼："×（次）**到达**［通过］，×（站）区间空闲"	—	使用计轴设备的，并应通过计轴设备确认区间空闲
		（18）对通过列车通知接车站："×（次）、（×点）×（分）通过"，并听取复诵	—	—	—
		（19）填记或确认电子行车日志	—	—	不能使用电子行车日志时，填写纸质行车日志
		（20）通知发车站："×（次）、（×点）×（分）到"，并听取复诵	—	—	—
	9. 报点	（21）计算机报点系统自动向列车调度员报点	—	—	不能自动报点时，向列车调度员报点："×（站）报点，×（次）、（×点）×（分）到［通过］"

7.2.2 发车作业

发车作业程序和岗位作业技术要求见表1.10。

表1.10 发车作业程序和岗位作业技术要求

作业程序		岗位作业技术要求			事项要求
程序	项目	车站值班员	信号员	助理值班员	
一、发车预告	1.确认区间空闲	(1)确认列车运行计划；根据表示灯、行车日志及各种行车表示牌，确认区间空闲	—	—	使用计轴设备的，并应通过计轴设备确认区间空闲
	2.发车预告	(2)向接车站发出："×（次）预告"，并听取同意的通知	—	—	—
		(3)填记或确认电子行车日志	—	—	不能使用电子行车日志时，填写纸质行车日志
二、开放信号	3.开放信号	(4)通知信号员停止影响进路的调车作业并听取报告	(1)停止影响进路的调车作业。确认停止后报告	—	停止调车作业时机和通知、应答、报告用语，在《站细》内规定。无影响进路的调车作业时，此项作业省略
		(5)确认列车运行计划后，通知信号员："×（次）、×道发车，开放信号"。听取复诵无误后，命令："执行"	(2)复诵："×（次）、×道发车，开放信号"	—	车站值班员认为需办理变通进路时，一并通知

表 1.10　发车作业程序和岗位作业技术要求(续)

作业程序		岗位作业技术要求			事项要求
程序	项目	车站值班员	信号员	助理值班员	
二、开放信号	3. 开放信号	(6)确认信号正确,应答:“×道出站信号好(了)”	(3)开放出站信号,口呼:“×道”,点击始端按钮;需办理变通进路时,口呼:“变通××”,点击相应变通按钮;口呼:“出站”,点击终端按钮。确认光带、信号显示正确,口呼:“信号好(了)”	—	“变通××”中的“××”为按钮名称
三、发车	4. 准备发车	(7)通知助理值班员:“×(次)×道发车”,并听取复诵	—	(1)复诵:“×(次)×道发车”	助理值班员在室外作业时,可提前告知发车计划。 使用列车无线调度通信设备通知时,应在用语前增加姓名或代号
	5. 确认发车条件	—	(4)通过信号操作终端监视信号及进路表示	(2)发车前,眼看、手指出站信号,确认信号开放正确,口呼:“×道出站信号好(了)”	—

表 1.10　发车作业程序和岗位作业技术要求(续)

作业程序		岗位作业技术要求			事项要求
程序	项目	车站值班员	信号员	助理值班员	
三、发车	5.确认发车条件	—	—	(3)确认旅客上下、行包装卸和列检作业等完了(或得到通知)	—
	6.发车	—	—	(4)按规定站在适当地点,显示发车信号或使用列车无线调度通信设备发车	由车站值班员使用列车无线调度通信设备发车时,应确认发车条件具备(或得到报告)
四、列车出发	7.监视列车	(8)列车起动后,及时通知接车站:"×(次)、(×点)×(分)开",并听取复诵	—	—	—
		(9)填记或确认电子行车日志	—	—	不能使用电子行车日志时,填写纸质行车日志
		(10)应答:"好(了)"	(5)通过信号操作终端确认列车整列出站,口呼:"×(次)出站"	(5)监视列车,于列车尾部越过发车地点,确认列车尾部标志后返回	—
	8.报点	(11)计算机报点系统自动向列车调度员报点	—	—	不能自动报点时,向列车调度员报点:"×(站)报点,×(次)、(×点)×(分)开"

表 1.10　发车作业程序和岗位作业技术要求(续)

作业程序		岗位作业技术要求			事项要求
程序	项目	车站值班员	信号员	助理值班员	
四、列车出发	9. 接受到达通知	(12)复诵接车站列车到达通知	(6)确认区间空闲	—	使用计轴设备的,并应通过计轴设备确认区间空闲
		(13)填记或确认电子行车日志	—	—	不能使用电子行车日志时,填写纸质行车日志

7.3　其他要求

7.3.1　本章适用于自动站间闭塞集中联锁设备设信号员的车站(黄骅南站、东营西站)接发列车作业。

7.3.2　开放信号时,执行"一看、二点击、三确认、四呼唤"及"眼看、手指、口呼"制度。眼看:看准应操纵的按钮;手指:鼠标箭头对准应确认的按钮;口呼:规定用语,吐字清晰。

7.3.3　接发列车使用计轴复零按钮前,应与邻站共同确认区间空闲,并取得列车调度员准许使用的调度命令。

7.3.4　一端有两个及以上列车运行方向,车站值班员布置进路、确认信号时,应以线名或邻站名区别方向("线"或"站"字可省略。分主次方向时,可只在次要方向增加线名或邻站名区分);有两个及以上车场或经路时,车站值班员办理预告、布置进路、确认信号,应区分车场或经路。具体办法在《站细》内规定。

7.3.5　列车区间运行时分小于规定的开放进站信号时分时,办理信号时机在《站细》内规定。

7.3.6　接发列车时,应按规定执行车机联控。

7.3.7　未设助理值班员的车站及助理值班员不参与发车的列车,由车站值班员按规定确认发车条件具备(或得到报告)后发车,本标准中其他涉及助理值班员的有关作业省略。确认发车条件的具体办法在《站细》内规定。

7.3.8　信号操作终端上使用的行车表示牌(帽、卡)及揭挂办法,在《站细》内规定。信号操作终端包括计算机联锁操作终端、继电联锁及非集中联锁控制台。

7.3.9　与本站(场)区有关作业人员间的联系、通知,可采用信息系统或设备通知(车站值班员布置进路及听取进路准备妥当的报告时除外),通知人员应及时确认被通知人员的签收回执,具体通知办法在《站细》内规定。

8　自动站间闭塞集中联锁(未设信号员)

8.1　接发列车作业程序图

8.1.1　接车(含通过)作业程序图

接车(含通过)作业程序见图1.11。

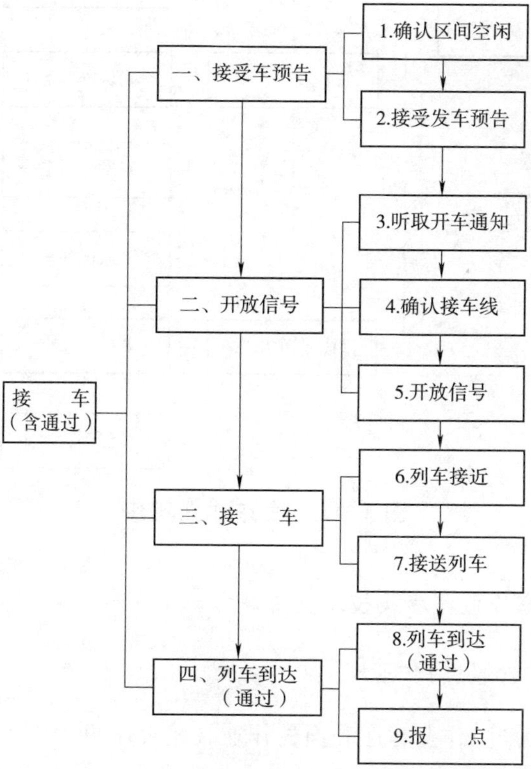

图1.11　接车(含通过)作业程序

8.1.2 发车作业程序图

发车作业程序见图1.12。

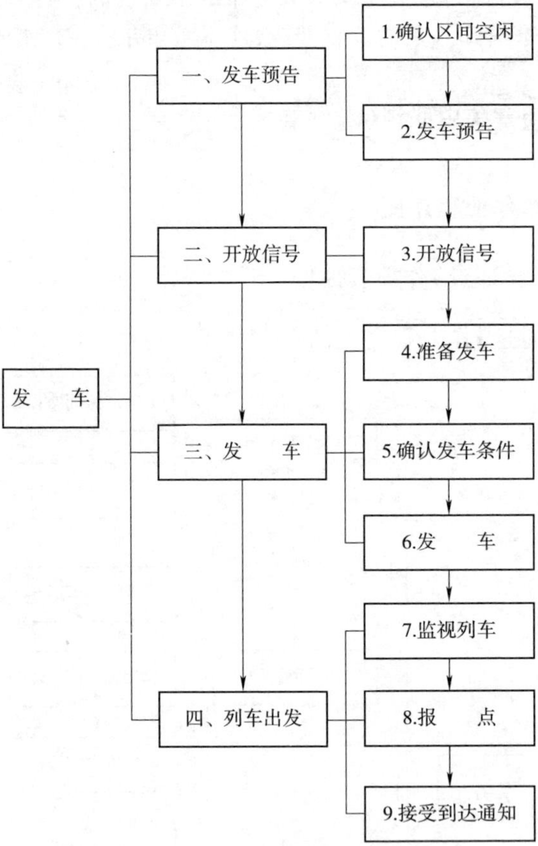

图1.12　发车作业程序

8.2 接发列车作业程序及技术要求

8.2.1 接车(含通过)作业

接车(含通过)作业程序和岗位作业技术要求见表1.11。

表 1.11　接车(含通过)作业程序和岗位作业技术要求

作业程序		岗位作业技术要求		事项要求
程序	项目	车站值班员	助理值班员	
一、接受预告	1. 确认区间空闲	(1)听取发车站预告,按列车运行计划核对车次、时刻、命令、指示(必要时与列车调度员联系)	—	—
		(2)根据表示灯、行车日志及各种行车表示牌,确认区间空闲	—	使用计轴设备的,并应通过计轴设备确认区间空闲
	2. 接受发车预告	(3)同意发车站预告:“同意×(次)预告”	—	同意列车预告后,按《站细》规定通知有关人员
		(4)填记或确认电子行车日志	—	不能使用电子行车日志时,填写纸质行车日志
		(5)确定接车线	—	—
		(6)通知助理值班员:“×(次)、×道**停车**[通过][到开]”,并听取复诵	(1)复诵:“×(次)、×道**停车**[通过][到开]”	—
二、开放信号	3. 听取开车通知	(7)复诵发车站开车通知:“×(次)、(×点)×(分)开[通过]”	—	—
		(8)填记或确认电子行车日志中的发车站发车时间和本站接车线	—	不能使用电子行车日志时,填写纸质行车日志
		(9)通知助理值班员:“×(次)开过来(了)”,并听取复诵	(2)复诵:“×(次)开过来(了)”	—
		(10)按《站细》规定通知有关人员	—	—

表 1.11　接车(含通过)作业程序和岗位作业技术要求(续)

作业程序		岗位作业技术要求		事项要求
程序	项目	车站值班员	助理值班员	
二、开放信号	4. 确认接车线	(11)确认接车线路空闲	—	—
		(12)停止影响进路的调车作业	—	停止调车作业时机,在《站细》内规定。无影响进路的调车作业时,此项作业省略
	5. 开放信号	(13)确认列车运行计划后,开放进站信号,口呼:“进站”,点击始端按钮;需办理变通进路时,口呼:“变通××”,点击相应变通按钮;口呼“×道”(正线通过时,口呼:“出站”),点击终端按钮;设有延续进路时,口呼:“延续××”,点击延续进路相应按钮。确认光带、信号显示正确,口呼:“信号好(了)”	(3)通过信号操作终端确认信号正确,应答:“×道进站信号好(了)”[通过时,应答:“×道进、出站信号好(了)”]	接通过列车时,应先办理有关发车作业。 “变通××”中的“××”为按钮名称。 “延续××”中的“××”为延续的按钮或线路名称。 助理值班员在室外作业时,(3)项作业省略
三、接车	6. 列车接近	(14)通过信号操作终端监视信号及进路表示	—	—
		(15)接近语音提示(接近铃响)、光带变红,再次确认信号开放正确	—	—
		(16)通知助理值班员:“×(次)接近,×道接车”,并听取复诵	(4)通过信号操作终端再次确认信号正确,复诵:“×(次)接近,×道接车”	—
	7. 接送列车	—	(5)到《站细》规定地点接车	—

表 1.11　接车(含通过)作业程序和岗位作业技术要求(续)

作业程序		岗位作业技术要求		事项要求
程序	项目	车站值班员	助理值班员	
四、列车到达(通过)	8. 列车到达(通过)	(17)通过信号操作终端监视进路、信号及列车进(出)站	(6)监视列车进站,于列车停妥后返回。通过列车,于列车尾部越过接车地点,确认列车尾部标志后返回	—
		(18)通过信号操作终端确认列车整列进入(通过)接车线、区间空闲	—	使用计轴设备的,并应通过计轴设备确认区间空闲
		(19)对通过列车通知接车站:"×(次)、(×点)×(分)通过",并听取复诵	—	—
		(20)填记或确认电子行车日志	—	不能使用电子行车日志时,填写纸质行车日志
		(21)通知发车站:"×(次)、(×点)×(分)到",并听取复诵	—	—
	9. 报点	(22)计算机报点系统自动向列车调度员报点	—	不能自动报点时,向列车调度员报点:"×(站)报点,×(次)、(×点)×(分)到[通过]"

8.2.2 发车作业

发车作业程序和岗位作业技术要求见表1.12。

表1.12 发车作业程序和岗位作业技术要求

作业程序		岗位作业技术要求		事项要求
程序	项目	车站值班员	助理值班员	
一、发车预告	1.确认区间空闲	(1)确认列车运行计划;根据表示灯、行车日志及各种行车表示牌,确认区间空闲	—	使用计轴设备的,并应通过计轴设备确认区间空闲
	2.发车预告	(2)向接车站发出:"×(次)预告",并听取同意的通知	—	—
		(3)填记或确认电子行车日志	—	不能使用电子行车日志时,填写纸质行车日志
二、开放信号	3.开放信号	(4)停止影响进路的调车作业	—	停止调车作业时机,在《站细》内规定。无影响进路的调车作业时,此项作业省略
		(5)确认列车运行计划后,开放出站信号,口呼:"×道",点击始端按钮;需办理变通进路时,口呼:"变通××",点击相应变通按钮;口呼:"出站",点击终端按钮。确认光带、信号显示正确,口呼:"信号好(了)"	(1)通过信号操作终端确认信号正确,应答:"×道出站信号好(了)"	"变通××"中的"××"为按钮名称。 助理值班员在室外接发车时,(1)项作业省略

表 1.12　发车作业程序和岗位作业技术要求(续)

作业程序		岗位作业技术要求		事项要求
程序	项目	车站值班员	助理值班员	
三、发车	4.准备发车	(6)通知助理值班员:“×(次)、×道发车”,并听取复诵	(2)复诵:“×(次)×道发车”	助理值班员在室外接发车时,可提前告知发车计划。 使用列车无线调度通信设备通知时,应在用语前增加姓名或代号
	5.确认发车条件	(7)通过信号操作终端监视信号及进路表示	(3)发车前,眼看、手指出站信号,确认信号开放正确,口呼:“×道出站信号好(了)”	—
		—	(4)确认旅客上下、行包装卸和列检作业等完了(或得到通知)	—
	6.发车	—	(5)按规定站在适当地点,显示发车信号或使用列车无线调度通信设备发车	由车站值班员使用列车无线调度通信设备发车时,应确认发车条件具备(或得到报告)

表 1.12　发车作业程序和岗位作业技术要求(续)

作业程序		岗位作业技术要求		事项要求
程序	项目	车站值班员	助理值班员	
四、列车出发	7. 监视列车	(8)列车起动后,及时通知接车站:“×(次)、(×点)×(分)开”,并听取复诵	—	—
		(9)填记或确认电子行车日志	—	不能使用电子行车日志时,填写纸质行车日志
		(10)通过信号操作终端确认列车整列出站	(6)监视列车,于列车尾部越过发车地点,确认列车尾部标志后返回	—
	8. 报点	(11)计算机报点系统自动向列车调度员报点	—	不能自动报点时,向列车调度员报点:“×(站)报点,×(次)、(×点)×(分)开”
	9. 接受到达通知	(12)复诵接车站列车到达通知,确认区间空闲	—	使用计轴设备的,并应通过计轴设备确认区间空闲
		(13)填记或确认电子行车日志	—	不能使用电子行车日志时,填写纸质行车日志

8.3　其他要求

8.3.1　本章适用于自动站间闭塞集中联锁设备未设信号员的车站(黄骅东站、羊三木站、窦庄子站、郭庄子站、北港农场站、大港水库站、贾象站、海兴南站、碣石山站、无棣北站、沾化西站、滨城站、利津站、丁庄站、羊口站)接发列车作业。

8.3.2 开放信号时,执行“一看、二点击、三确认、四呼唤”及“眼看、手指、口呼”制度。眼看:看准应操纵的按钮;手指:鼠标箭头对准应确认的按钮;口呼:规定用语,吐字清晰。

8.3.3 接发列车使用计轴复零按钮前,应与邻站共同确认区间空闲,并取得列车调度员准许使用的调度命令。

8.3.4 一端有两个及以上列车运行方向,车站值班员准备进路、确认信号时,应以线名或邻站名区别方向(“线”或“站”字可省略。分主次方向时,可只在次要方向增加线名或邻站名区分);有两个及以上车场或经路时,车站值班员办理预告、准备进路、确认信号,应区分车场或经路。具体办法在《站细》内规定。

8.3.5 列车区间运行时分小于规定的开放进站信号时分时,办理信号时机在《站细》内规定。

8.3.6 接发列车时,应按规定执行车机联控。

8.3.7 未设助理值班员的车站及助理值班员不参与发车的列车,由车站值班员按规定确认发车条件具备(或得到报告)后发车,同时本标准中其他涉及助理值班员的有关作业省略。确认发车条件的具体办法在《站细》内规定。

8.3.8 信号操作终端上使用的行车表示牌(帽、卡)及揭挂办法,在《站细》内规定。信号操作终端包括计算机联锁操作终端、继电联锁及非集中联锁控制台。

8.3.9 与本站(场)区有关作业人员间的联系、通知,可采用信息系统或设备通知,通知人员应及时确认被通知人员的签收回执,具体通知办法在《站细》内规定。

9 单(双)线电话闭塞无联锁(联锁设备失效)

9.1 接发列车作业程序图

9.1.1 接车(含通过)作业程序图

接车(含通过)作业程序见图1.13。

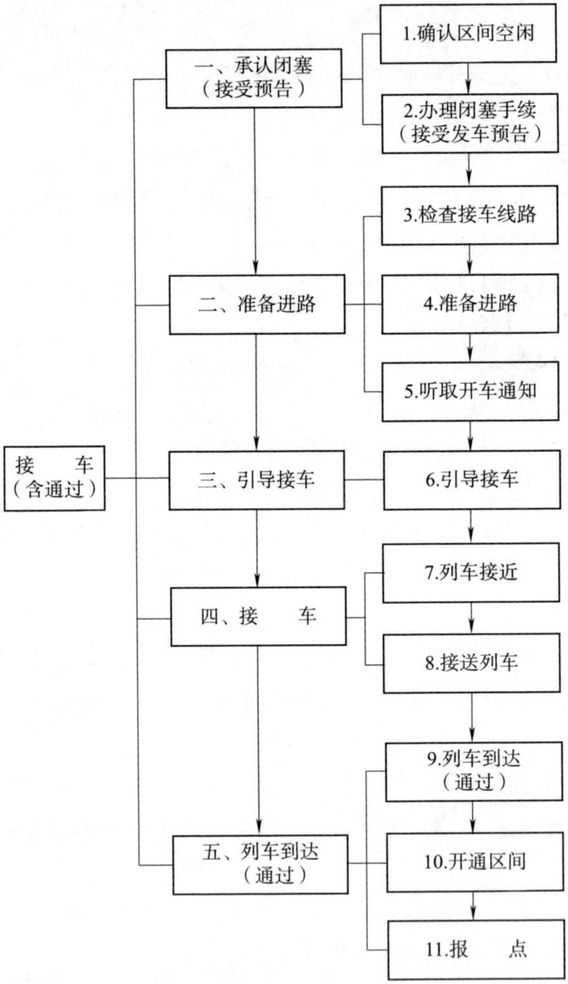

图 1.13　接车（含通过）作业程序

9.1.2　发车作业程序图

发车作业程序见图 1.14。

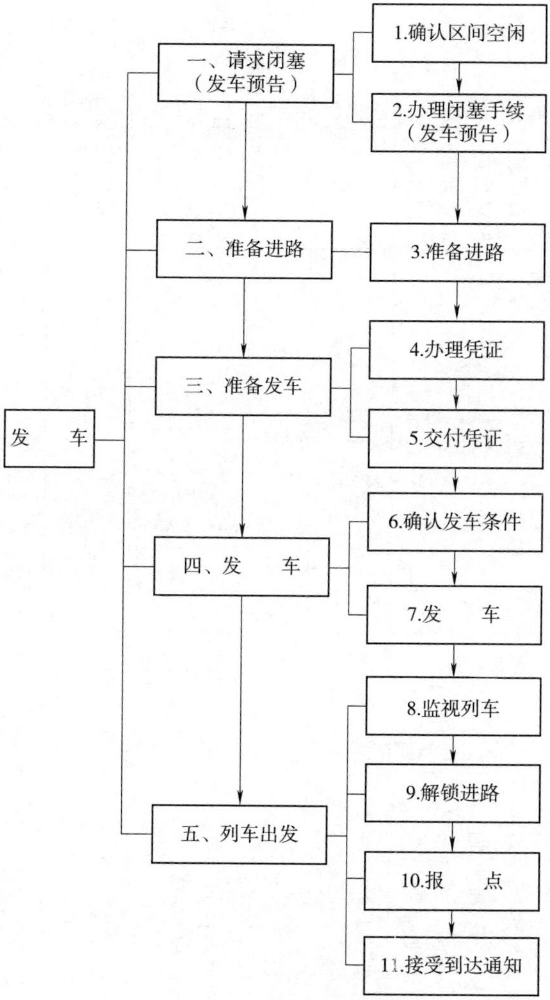

图 1.14　发车作业程序

9.2　接发列车作业程序及技术要求

9.2.1　接车(含通过)作业

接车(含通过)作业程序和岗位作业技术要求见表 1.13。

表 1.13　接车(含通过)作业程序和岗位作业技术要求

作业程序		岗位作业技术要求				事项要求
程序	项目	车站值班员	助理值班员	扳道员	引导人员	
一、承认闭塞(接受预告)	1. 确认区间空闲	(1)听取发车站请求闭塞(双线正方向除首列外,为听取发车站预告),按列车运行计划核对车次、时刻、命令、指示(必要时与列车调度员联系)	—	—	—	首列使用电话闭塞法时,核对由基本闭塞法改用电话闭塞法的调度命令
		(2)根据行车日志及各种行车表示牌,确认区间空闲	—	—	—	—
	2. 办理闭塞手续(接受发车预告)	(3)发出电话记录:"×号,(×点)×(分),同意×(次)闭塞"[双线正方向除首列外为同意预告:"同意×(次)预告"]	—	—	—	同意列车闭塞(预告)后,按《站细》规定通知有关人员
		(4)填记或确认电子行车日志	—	—	—	不能使用电子行车日志时,填写纸质行车日志
		(5)口呼:"×(次)**闭塞**[预告]好(了)"。揭挂"区间占用"表示牌	(1)确认无误后,应答:"×(次)**闭塞**[预告]好(了)"	—	—	助理值班员在室外作业时,(1)项作业省略
		(6)确定接车线	—	—	—	—

表 1.13　接车(含通过)作业程序和岗位作业技术要求(续)

作业程序		岗位作业技术要求				事项要求
程序	项目	车站值班员	助理值班员	扳道员	引导人员	
二、准备进路	3. 检查接车线	(7)通知助理值班员、有关扳道员:"×号、×号,×(次)**闭塞**[预告],检查×道",并听取复诵	(2)复诵:"×(次)**闭塞**[预告],检查×道"	(1)复诵:"×号,×(次)**闭塞**[预告],检查×道"	—	—
		—	(3)现场检查	(2)现场检查	—	—
		(8)应答:"×道空闲"	(4)向车站值班员报告:"×道空闲"	(3)向车站值班员报告:"×号,×道空闲"	—	—
	4. 准备进路	(9)通知扳道员停止影响进路的调车作业并听取报告	—	(4)停止影响进路的调车作业。确认停止后报告	—	停止调车作业时机和通知、应答、报告用语,在《站细》内规定。无影响进路的调车作业时,此项作业省略
		(10)确认列车运行计划后,通知有关扳道员:"×号、×号,×(次)、×道**停车**[通过][到开],准备进路"。听取复诵无误后,命令:"执行"	—	(5)进路上的扳道员复诵:"×号,×(次)、×道**停车**[通过][到开],准备进路"。接停车列车时,接车线末端及有关扳道员回答:"×号,知道(了)"	—	接通过列车时,应先办理有关发车作业。 车站值班员认为需指定延续进路或办理变通进路时,一并通知

表 1.13　接车(含通过)作业程序和岗位作业技术要求(续)

作业程序		岗位作业技术要求				事项要求
程序	项目	车站值班员	助理值班员	扳道员	引导人员	
二、准备进路	4. 准备进路	—	—	(6)正确及时地准备进路,并将进路上无联锁的有关对向道岔及邻线上防护道岔加锁	—	进路上的分动外锁闭道岔无论对向或顺向,均应对密贴尖轨、斥离尖轨和可动心轨加锁
		(11)听取扳道员报告后,应答:“好(了)”	—	(7)报告:“×号,×道接车进路好(了)”[列车通过或到开时,发车端扳道员报告:“×号,×道发车进路好(了)”]	—	—
		(12)通知引导人员:“确认×道接车进路”。听取复诵无误后,命令:“执行”	—	—	(1)复诵:“确认×道接车进路”	设进路检查人员时,检查确认办法在《站细》内规定
		(13)听取引导人员报告后,应答:“好(了)”	—	—	(2)确认进路正确,报告:“×道接车进路确认好(了)”	扳道员兼引导人员或引导人员确认进路有困难时,由扳道员再次检查,确认正确后报告。接通过列车时,发车端扳道员再次确认正确后报告

表 1.13　接车(含通过)作业程序和岗位作业技术要求(续)

作业程序		岗位作业技术要求				事项要求
程序	项目	车站值班员	助理值班员	扳道员	引导人员	
二、准备进路	5. 听取开车通知	(14)复诵发车站开车通知:“×(次)、(×点)×(分)开”	—	—	—	—
		(15)填记或确认电子行车日志中的发车站发车时间和本站接车线	—	—	—	不能使用电子行车日志时,填写纸质行车日志
		(16)通知助理值班员、扳道员:“×号、×号,×(次)开过来(了)”,并听取复诵	(5)复诵:“×(次)开过来(了)”	(8)复诵:“×(次)开过来(了)”	—	—
		(17)按《站细》规定通知有关人员	—	—	—	—
三、引导接车	6. 引导接车	(18)通知引导人员:“×(次)、(×点)×(分)开过来(了),引导接车”。听取复诵无误后,命令:“执行”	—	—	(3)复诵:“×(次)、(×点)×(分)开过来(了),引导接车”	—
		—	—	—	(4)到规定地点,按规定时机显示引导手信号	—

表 1.13 接车(含通过)作业程序和岗位作业技术要求(续)

作业程序		岗位作业技术要求				事项要求
程序	项目	车站值班员	助理值班员	扳道员	引导人员	
四、接车	7. 列车接近	(19)应答:"×(次)接近"	—	—	(5)目视列车接近,向车站值班员报告:"引导人员,×(次)接近"	—
		(20)通知助理值班员及有关扳道员:"×号、×号,×(次)接近,×道接车",并听取复诵	(6)复诵:"×(次)接近,×道接车"	(9)进路上的扳道员复诵:"×号,×(次)接近,×道接车"。接停车列车时,接车线末端及有关扳道员回答:"×号,知道(了)"	—	—
	8. 接送列车	—	(7)再次确认接车线路空闲,到《站细》规定地点接车	(10)再次确认接车线路空闲,到《站细》规定地点接车	—	—

表 1.13　接车(含通过)作业程序和岗位作业技术要求(续)

作业程序		岗位作业技术要求				事项要求
程序	项目	车站值班员	助理值班员	扳道员	引导人员	
四、接车	8. 接送列车	(21)对通过列车,使用调度命令无线传送系统传送行车凭证或按规定使用列车无线调度通信设备向司机转达行车凭证后,通知助理值班员:“×(次)、×道显示通过手信号”,并听取复诵	(8)监视列车进站,于列车停妥后返回;对通过列车,得到车站值班员显示通过手信号的通知并复诵后,显示通过手信号。列车头部越过接车地点,收回通过手信号。列车尾部越过接车地点,确认尾部标志后返回	(11)监视列车进(出)站,确认列车尾部标志;停车列车,内方扳道员需确认列车尾部过标后返回	(6)待列车头部越过引导地点后,收回引导手信号	不能使用调度命令无线传送系统传送行车凭证或不能使用列车无线调度通信设备向司机转达行车凭证时,由助理值班员交递书面行车凭证
五、列车到达(通过)	9. 列车到达(通过)	(22)听取列车到达(出站)报告,应答:“好(了)”	—	(12)报告:“×号,×(次)到达”。通过列车发车端扳道员报告:“×号,×(次)出站”	—	—
		(23)对通过列车通知接车站:“×(次)、(×点)×(分)通过”,并听取复诵			—	—

表 1.13　接车(含通过)作业程序和岗位作业技术要求(续)

作业程序		岗位作业技术要求				事项要求
程序	项目	车站值班员	助理值班员	扳道员	引导人员	
五、列车到达(通过)	10. 开通区间	(24)通知扳道员:"×号,解锁× **号道岔**[×进路]"	—	(13)复诵后将加锁的道岔解锁	—	连续使用道岔同一位置接发列车时除外
		(25)向发车站发出电话记录:"×号,×(次)、(×点)×(分)到",并听取复诵	—	—	—	—
		(26)填记或确认电子行车日志	—	—	—	不能使用电子行车日志时,填写纸质行车日志
		(27)摘下"区间占用"表示牌	—	—	—	—
	11. 报点	(28)通过计算机报点系统向列车调度员报点	—	—	—	不能使用计算机报点系统时,向列车调度员报点:"×(站)报点,×(次)、(×点)×(分)到[通过]"

9.2.2 发车作业

发车作业程序和岗位作业技术要求见表1.14。

表1.14 发车作业程序和岗位作业技术要求

作业程序		岗位作业技术要求			事项要求
程序	项目	车站值班员	助理值班员	扳道员	
一、请求闭塞(发车预告)	1. 确认区间空闲	(1)确认列车运行计划;根据行车日志及各种行车表示牌,确认区间空闲	—	—	首列使用电话闭塞法时,核对由基本闭塞法改用电话闭塞法的调度命令
	2. 办理闭塞手续(发车预告)	(2)单线及双线反方向(正方向首列)请求闭塞:"×(次)闭塞"[双线正方向除首列外:"×(次)预告"]	—	—	—
		(3)复诵接车站发出的电话记录[双线正方向除首列外为听取接车站同意的通知]	—	—	—
		(4)填记或确认电子行车日志	—	—	不能使用电子行车日志时,填写纸质行车日志
		(5)口呼:"×(次)闭塞[预告]好(了)"。揭挂"区间占用"表示牌	(1)确认无误后,应答:"×(次)闭塞[预告]好(了)"	—	助理值班员在室外作业时,(1)项作业省略

表 1.14　发车作业程序和岗位作业技术要求(续)

作业程序		岗位作业技术要求			事项要求
程序	项目	车站值班员	助理值班员	扳道员	
二、准备进路	3. 准备进路	(6)通知扳道员停止影响进路的调车作业并听取报告	—	(1)停止影响进路的调车作业。确认停止后报告	停止调车作业时机和通知、应答、报告用语,在《站细》内规定。无影响进路的调车作业时,此项作业省略
		(7)确认列车运行计划后,通知有关扳道员:"×号、×号,×(次)、×道发车,准备进路"。听取复诵无误后,命令:"执行"	—	(2)进路上的扳道员复诵:"×号,×(次)、×道发车,准备进路"。有关扳道员回答:"×号,知道(了)"	车站值班员认为需办理变通进路时,一并通知
		—	—	(3)正确及时地准备进路,并将进路上无联锁的有关对向道岔及邻线上防护道岔加锁	进路上的分动外锁闭道岔无论对向或顺向,均应对密贴尖轨、斥离尖轨和可动心轨加锁
		(8)听取扳道员报告后,应答:"好(了)"	—	(4)报告:"×号,×道发车进路好(了)"	—
		(9)通知扳道员:"×号,确认×道发车进路"。听取复诵无误后,命令:"执行"	—	(5)复诵:"×号,确认×道发车进路"	—
		(10)听取扳道员报告,应答:"好(了)"	—	(6)再次确认正确,报告:"×号,×道发车进路确认好(了)"	—

表 1.14 发车作业程序和岗位作业技术要求(续)

作业程序		岗位作业技术要求			事项要求
程序	项目	车站值班员	助理值班员	扳道员	
三、准备发车	4.办理凭证	(11)核对车次、区间,电话记录号码,填写路票	—	—	双线正方向发车,电话记录号码为:首列为接车站承认的电话记录号码;首列以后的列车,为前次发出的列车到达的电话记录号码
		(12)与助理值班员核对路票	(2)与车站值班员核对路票	—	
	5.交付凭证	(13)通知助理值班员:"×(次)、×道发车",并听取复诵	(3)复诵:"×(次)×道发车"	—	—
		—	(4)与扳道员对道	(7)与助理值班员对道	—
		—	(5)与司机核对路票,确认正确后交付司机	—	使用调度命令无线传送系统传送行车凭证或使用列车无线调度通信设备向司机转达行车凭证时,无此项作业

表1.14 发车作业程序和岗位作业技术要求(续)

作业程序		岗位作业技术要求			事项要求
程序	项目	车站值班员	助理值班员	扳道员	
四、发车	6. 确认发车条件	—	(6)确认旅客上下、行包装卸和列检作业等完了(或得到通知)	—	—
	7. 发车	—	(7)按规定站在适当地点,显示发车信号或使用列车无线调度通信设备发车	—	由车站值班员使用列车无线调度通信设备发车时,应确认发车条件具备(或得到报告)
五、列车出发	8. 监视列车	(14)列车起动后,及时通知接车站:“×(次)、(×点)×(分)开”,并听取复诵	—	—	车站值班员不能确认列车是否起动时,由助理值班员报告车站值班员
		(15)填记或确认电子行车日志	—	—	不能使用电子行车日志时,填写纸质行车日志
		—	(8)监视列车,于列车尾部越过发车地点,确认列车尾部标志后返回	(8)监视列车,确认列车尾部标志,外方扳道员于列车尾部越过最外方道岔后返回	—

表1.14 发车作业程序和岗位作业技术要求(续)

作业程序		岗位作业技术要求			事项要求
程序	项目	车站值班员	助理值班员	扳道员	
五、列车出发	9. 解锁进路	(16)应答:“好(了)”	—	(9)外方扳道员向车站值班员报告:“×号,×(次)出站”	—
		(17)通知扳道员:“×号,解锁×号道岔[×进路]”	—	(10)复诵后将加锁的道岔解锁	连续使用道岔同一位置接发列车时除外
	10. 报点	(18)通过计算机报点系统向列车调度员报点	—	—	不能使用计算机报点系统时,向列车调度员报点:“×(站)报点,×(次)、(×点)×(分)开”
	11. 接受到达通知	(19)复诵接车站列车到达电话记录	—	—	—
		(20)填记或确认电子行车日志	—	—	不能使用电子行车日志时,填写纸质行车日志
		(21)摘下“区间占用”表示牌	—	—	—

9.3 其他要求

9.3.1 本章适用于单(双)线电话闭塞无联锁设备(联锁设备失效)的车站接发列车作业。

9.3.2 准备进路时,执行"一看、二扳(摇)、三确认、四呼唤(显示)"及"眼看、手指、口呼"制度。眼看:看准应确认的设备;手指:中、食指并拢成"剑指",指向应确认的设备;持旗时为右手拢起的信号旗前指,持灯时为"剑指";口呼:规定用语,吐字清晰。准备进路时,先确认道岔开通位置,再扳(摇)向所需位置,确认锁闭,道岔开通正确。手指进路,确认正确,口呼:"×道开通"。

9.3.3 在无联锁线路上接发列车时,进路上分动外锁闭道岔的具体加锁办法,在《站细》内规定。

9.3.4 一端有两个及以上列车运行方向,车站值班员布置进路、确认信号时,应以线名或邻站名区别方向("线"或"站"字可省略。分主次方向时,可只在次要方向增加线名或邻站名区分);有两个及以上车场或经路时,车站值班员办理闭塞(预告)、布置进路、确认信号,应区分车场或经路。具体办法在《站细》内规定。

9.3.5 接发列车时,应按规定执行车机联控。

9.3.6 未设助理值班员的车站及助理值班员不参与发车的列车,应指派胜任人员担当助理值班员工作。

9.3.7 信号操作终端上使用的行车表示牌(帽、卡)及揭挂办法,在《站细》内规定。信号操作终端包括计算机联锁操作终端、继电联锁及非集中联锁控制台。

9.3.8 与本站(场)区有关作业人员间的联系、通知,可采用信息系统或设备通知(车站值班员布置进路及听取进路准备妥当的报告时除外),通知人员应及时确认被通知人员的签收回执,具体通知办法在《站细》内规定。

9.3.9 检查线路空闲的具体办法,在《站细》内规定。

9.3.10 在非正常情况下接发列车时,为确保接发列车作业安全,根据造成非正常接发列车的不同情况,参照图 1.15 ~ 图 1.17 办理。

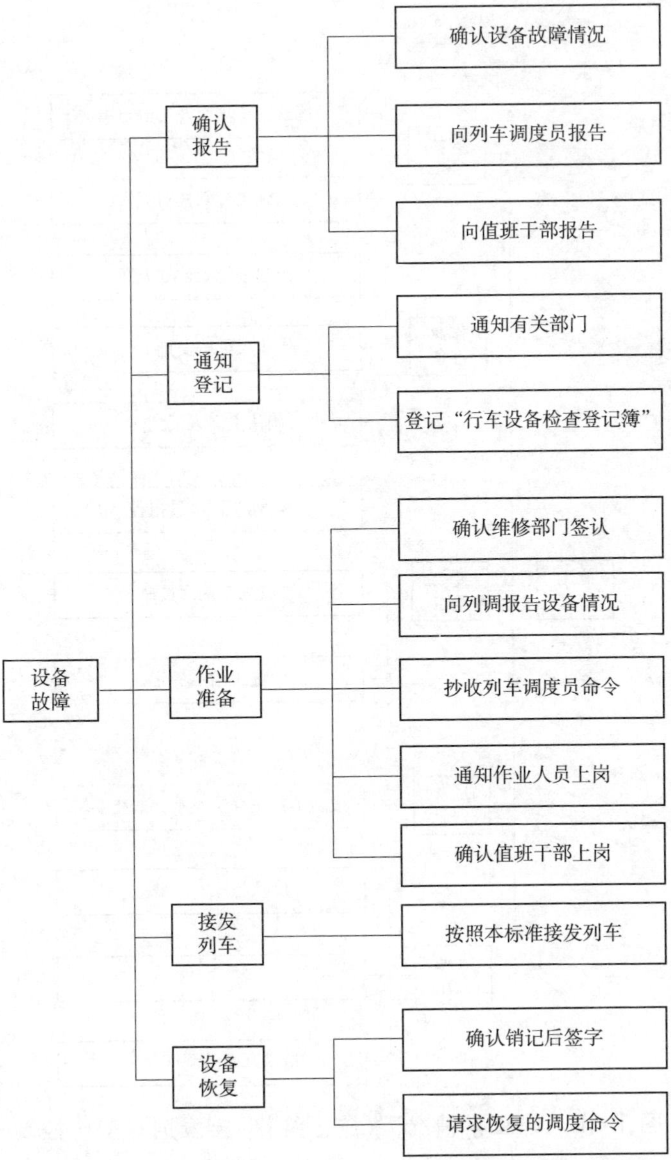

图 1.15　非正常情况下(设备故障)接发列车安全控制

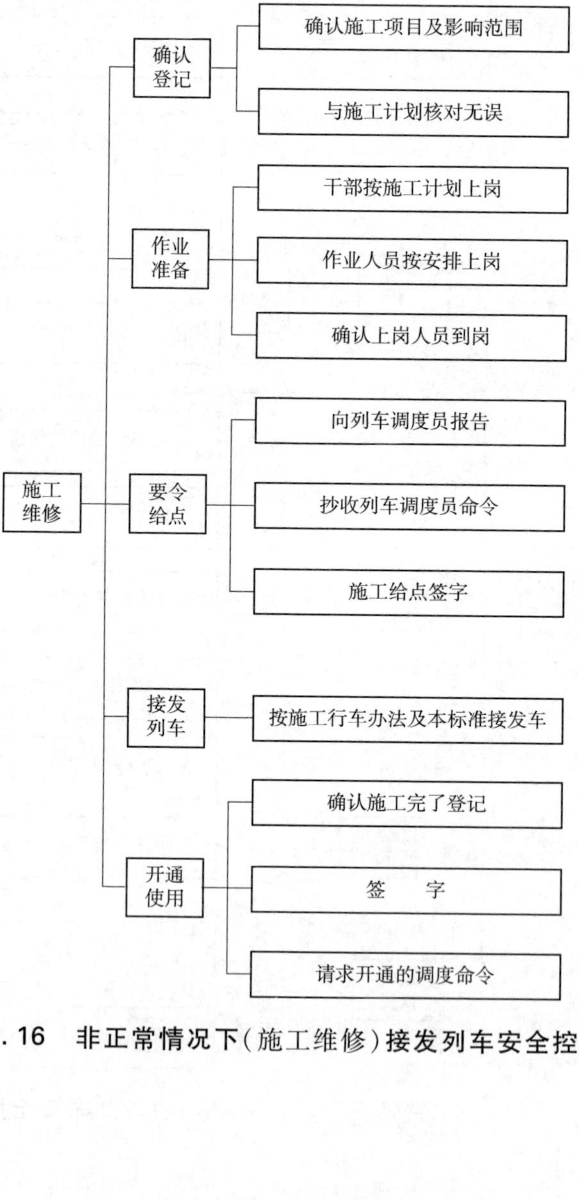

图 1.16 非正常情况下(施工维修)接发列车安全控制

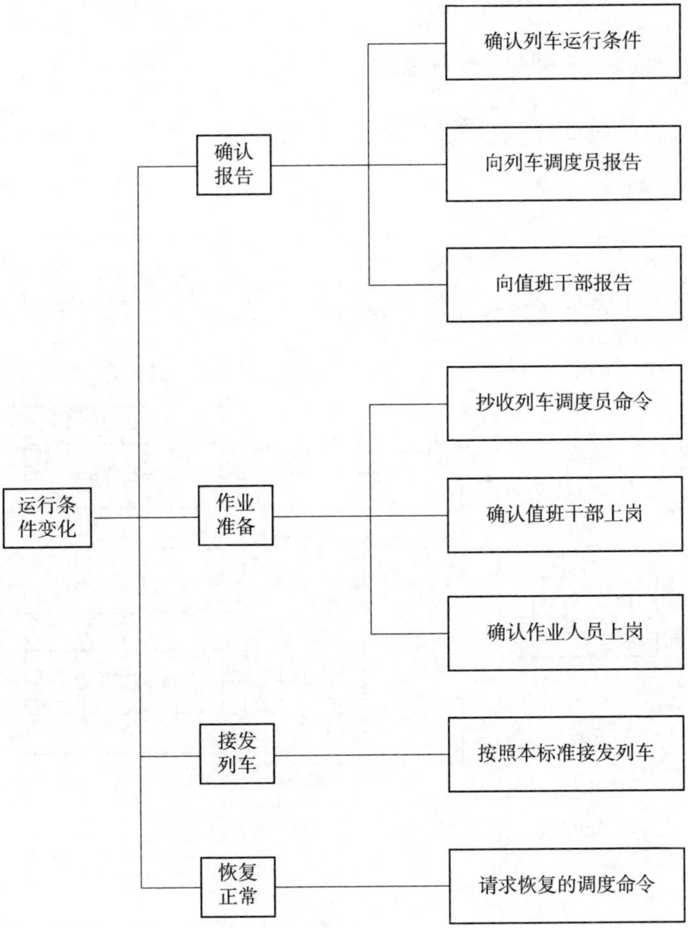

图 1. 17　非正常情况下(运行条件变化)接发列车安全控制

10 单(双)线自动闭塞分散自律控制模式下车站操作方式(设信号员)

10.1 接发列车作业程序图

10.1.1 接车(含通过)作业程序图

接车(含通过)作业程序见图 1.18。

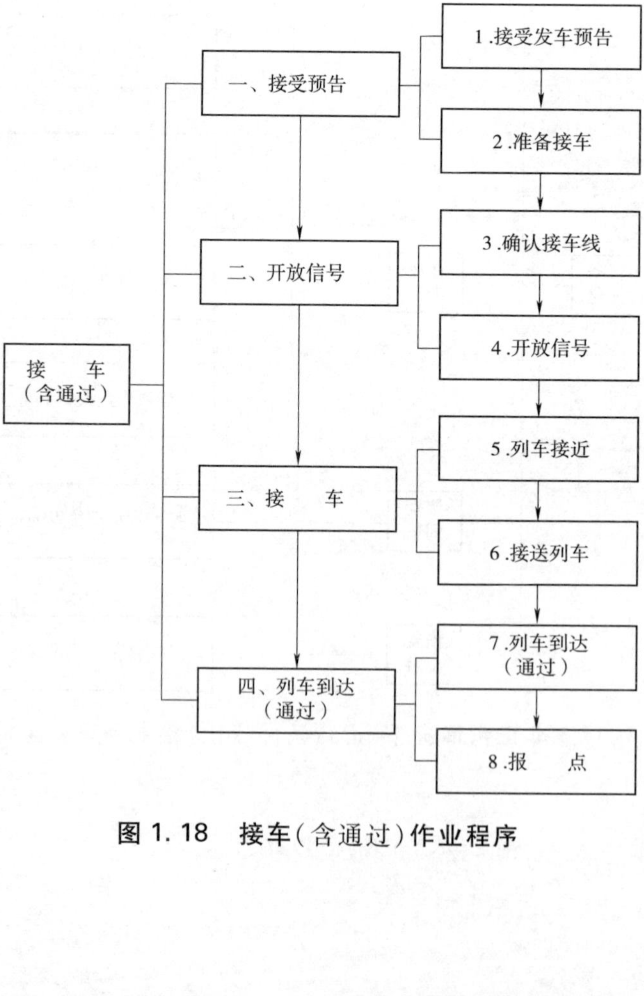

图 1.18 接车(含通过)作业程序

10.1.2 发车作业程序图

发车作业程序见图 1.19。

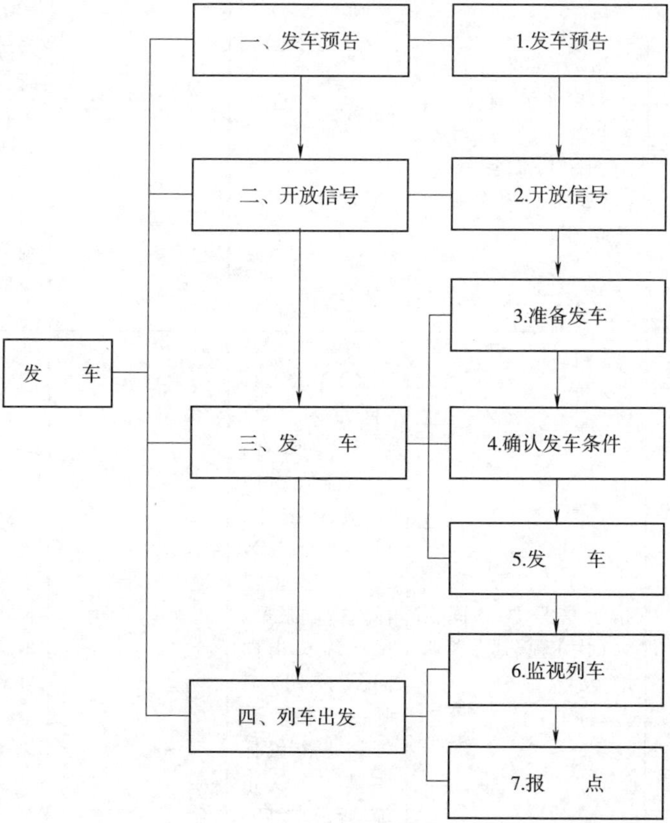

图 1.19　发车作业程序

10.2 接发列车作业程序及技术要求

10.2.1 接车(含通过)作业

接车(含通过)作业程序和岗位作业技术要求见表 1.15。

表 1.15　接车(含通过)作业程序和岗位作业技术要求

作业程序		岗位作业技术要求			事项要求
程序	项目	车站值班员	信号员	助理值班员	
一、接受预告	1. 接受发车预告	(1)在 CTC 系统中接到发车站预告(语音提示)后,核对车次、时刻、命令、指示(必要时与列车调度员联系)	—	—	发车站不需办理预告时,按列车运行计划核对车次、时刻、命令、指示(必要时与列车调度员联系)
		(2)核对正确后,指示信号员:“同意×(次)预告”,并听取复诵	(1)复诵:“同意×(次)预告”。眼看:鼠标箭头指向×(次)按钮,口呼:“×(次)”,点击鼠标左键。眼看:鼠标箭头指向同意按钮,口呼:“同意预告”,点击鼠标左键。确认正确后,口呼:“×(次)预告好”	—	发车站不需办理预告时,此项作业省略
	2. 准备接车	(3)确认接车线,核对进路序列中车次、方向、股道等信息正确	—	—	—

表 1.15　接车(含通过)作业程序和岗位作业技术要求(续)

作业程序		岗位作业技术要求			事项要求
程序	项目	车站值班员	信 号 员	助理值班员	
二、开放信号	3. 确认接车线	(4)在 CTC 系统中确认发车站开车(语音提示)后,通知信号员、助理值班员:“×(次)开过来(了),×道**停车**[通过][到开]”,并听取复诵	(2)复诵:“×(次)开过来(了),×道**停车**[通过][到开]”	(1)复诵:“×(次)开过来(了),×道**停车**[通过][到开]”	—
		(5)按《站细》规定通知有关人员	—	—	—
		(6)确认接车线路空闲	—	—	—
		(7)通知信号员停止影响进路的调车作业并听取报告	(3)停止影响进路的调车作业。确认停止后报告	—	停止调车作业时机和通知、应答、报告用语,在《站细》内规定。无影响进路的调车作业时,此项作业省略
	4. 开放信号	(8)确认列车运行计划后,布置信号员准备进路,口呼:“×(次)×道**停车**[通过],**设置自触**[人工触发进路时:触发进路;人工排列进路时:开放信号]”;听取信号员复诵无误后,命令:“执行”	(4)复诵:“×(次)×道**停车**[通过],**设置自触**[触发进路或开放信号]”	—	接通过列车时,应先办理有关发车作业。 车站值班员认为需指定延续进路或办理变通进路时,一并通知

表 1.15　接车(含通过)作业程序和岗位作业技术要求(续)

作业程序		岗位作业技术要求			事项要求
程序	项目	车站值班员	信号员	助理值班员	
二、开放信号	4. 开放信号	(9)确认信号正确,应答:"×道进站信号好(了)"[通过时,应答:"×道进、出站信号好(了)"]	(5)设置自触时,选中进路序列中相应车次,设置自触,设置完毕后,口呼"自触设置好"。待信号开放后,确认光带、信号显示正确,口呼:"×(次)信号好(了)"。 人工触发进路时,选中进路序列中相应车次并口呼:"×(次)、×道**停车**[通过]",设置人工触发;确认光带、信号显示正确,口呼:"信号好(了)"。 人工排列进路时,口呼:"进站",点击始端按钮;需办理变通进路时,口呼:"变通××",点击相应变通按钮;口呼:"×道"(正线通过时,口呼:"出站"),点击终端按钮;设有延续进路时,口呼:"延续××",点击相应延续进路按钮。确认光带、信号显示正确,口呼:"信号好(了)"	—	开放信号时可选择使用自触、人工触发、人工排列进路。 "变通××"中的"××"为按钮名称。 "延续××"中的"××"为延续的按钮或线路名称

表 1.15 接车(含通过)作业程序和岗位作业技术要求(续)

作业程序		岗位作业技术要求			事项要求
程序	项目	车站值班员	信号员	助理值班员	
三、接车	5. 列车接近	—	(6)通过信号操作终端监视信号及进路表示	—	—
		(10)再次确认信号正确,应答:"×次接近"	(7)第二(三)接近语音提示、光带变红,再次确认信号开放正确,口呼:"×(次)接近"	—	—
		(11)通知助理值班员:"×次接近,×道接车",并听取复诵	—	(2)复诵:"×次接近,×道接车"	—
	6. 接送列车	—	—	(3)到《站细》规定地点接车。接通过列车时,眼看、手指出站信号,确认信号开放正确,口呼:"×道出站信号好(了)"	—
四、列车到达(通过)	7. 列车到达(通过)	—	(8)通过信号操作终端监视进路、信号及列车进(出)站	(4)监视列车进站,于列车停妥后返回。通过列车,于列车尾部越过接车地点,确认列车尾部标志后返回	—

表 1.15　接车(含通过)作业程序和岗位作业技术要求(续)

作业程序		岗位作业技术要求			事项要求
程序	项目	车站值班员	信号员	助理值班员	
四、列车到达(通过)	7. 列车到达(通过)	(12)应答:"好(了)"	(9)通过信号操作终端确认列车整列进入(通过)接车线,口呼:"×(次)到达[通过]"	—	—
	8. 报点	(13)计算机报点系统自动向列车调度员报点	—	—	不能自动报点时,向列车调度员报点:"×(站)报点,×(次)、(×点)×(分)到[通过]"

10.2.2　发车作业

发车作业程序和岗位作业技术要求见表 1.16。

表 1.16　发车作业程序和岗位作业技术要求

作业程序		岗位作业技术要求			事项要求
程序	项目	车站值班员	信号员	助理值班员	
一、发车预告	1. 发车预告	(1)根据列车运行计划，通知信号员："办理×(次)预告"，并听取复诵	(1)复诵："办理×(次)预告"。眼看：鼠标箭头指向×(次)按钮，口呼："×(次)"，点击鼠标左键。眼看：鼠标箭头指向预告按钮，口呼："预告"，点击鼠标左键。确认接车站同意预告语音提示后口呼："×(次)预告好"	—	不需人工办理预告时，按列车运行计划核对车次、时刻，确认列车接发顺序
二、开放信号	2. 开放信号	(2)通知信号员停止影响进路的调车作业并听取报告	(2)停止影响进路的调车作业。确认停止后报告	—	停止调车作业时机和通知、应答、报告用语，在《站细》内规定。无影响进路的调车作业时，此项作业省略
		(3)确认列车运行计划后，布置信号员准备进路，口呼："×(次)×道发车，**设置自触**[人工触发进路时：触发进路；人工排列进路时：开放信号]"；听取信号员复诵无误后，命令："执行"	(3)复诵："×(次)×道发车，**设置自触**[触发进路或开放信号]"	—	车站值班员认为需办理变通进路时，一并通知

表 1.16　发车作业程序和岗位作业技术要求(续)

作业程序		岗位作业技术要求			事项要求
程序	项目	车站值班员	信号员	助理值班员	
二、开放信号	2. 开放信号	(4)确认信号开放正确,应答:"×道出站信号好(了)"	(4)设置自触时,选中进路序列中相应车次,设置自触,设置完毕后,口呼"自触设置好"。待信号开放后,确认光带、信号显示正确,口呼:"×(次)信号好(了)"。 人工触发进路时,选中进路序列中相应车次,确认弹出的提示框内容并口呼:"×(次)、×道发车",设置人工触发;确认光带、信号显示正确,口呼:"信号好(了)"。 人工排列进路时,口呼:"×道",点击始端按钮;需办理变通进路时,口呼:"变通××",点击相应变通按钮;口呼:"出站",点击终端按钮。确认光带、信号显示正确,口呼:"信号好(了)"	—	开放信号时可选择使用自触、人工触发、人工排列进路。 "变通××"中的"××"为按钮名称

表 1.16 发车作业程序和岗位作业技术要求(续)

作业程序		岗位作业技术要求			事项要求
程序	项目	车站值班员	信 号 员	助理值班员	
三、发车	3. 准备发车	(5)通知助理值班员:"×(次)、×道发车",并听取复诵	—	(1)复诵:"×(次)、×道发车"	助理值班员在室外作业时,可提前告知发车计划。 使用列车无线调度通信设备通知时,应在用语前增加姓名或代号
	4. 确认发车条件	—	(5)通过信号操作终端监视信号及进路表示	(2)发车前,眼看、手指出站信号,确认信号开放正确,口呼:"×道出站信号好(了)"	—
		—	—	(3)确认旅客上下、行包装卸和列检作业等完了(或得到通知)	—
	5. 发车	—	—	(4)按规定站在适当地点,显示发车信号或使用列车无线调度通信设备发车	由车站值班员使用列车无线调度通信设备发车时,应确认发车条件具备(或得到报告)

表 1.16　发车作业程序和岗位作业技术要求(续)

作业程序		岗位作业技术要求			事项要求
程序	项目	车站值班员	信号员	助理值班员	
四、列车出发	6. 监视列车	(6)应答:“好(了)”	(6)通过信号操作终端确认列车整列出站,口呼:“×(次)出站”	(5)监视列车,于列车尾部越过发车地点,确认列车尾部标志后返回	—
	7. 报点	(7)计算机报点系统自动向列车调度员报点	—	—	不能自动报点时,向列车调度员报点:“×(站)报点,×(次)、(×点)×(分)开”

10.3　其他要求

10.3.1　本章适用于单(双)线自动闭塞分散自律控制模式下车站操作方式设信号员的车站接发列车作业。

10.3.2　开放信号时,执行“一看、二点击、三确认、四呼唤”及“眼看、手指、口呼”制度。眼看:看准应操纵的按钮;手指:鼠标箭头对准应确认的按钮;口呼:规定用语,吐字清晰。

10.3.3　一端有两个及以上列车运行方向,车站值班员布置进路、确认信号时,应以线名或邻站名区别方向(“线”或“站”字可省略。分主次方向时,可只在次要方向增加线名或邻站名区分);有两个及以上车场或经路时,车站值班员办理预告、布置人工排列进路、应区分车场或经路。具体办法在《站细》内规定。

10.3.4　列车区间运行时分小于规定的开放进站信号时分时,办理信号时机在《站细》内规定。

10.3.5　接发列车时,应按规定执行车机联控。

10.3.6　未设助理值班员的车站及助理值班员不参与发车的列车,由车站值班员按规定确认发车条件具备(或得到报告)后发车,同时本标准中其他涉及助理值班员的有关作业省略。确认发车条件的具体办法在《站细》内规定。

10.3.7 信号操作终端上使用的行车表示牌(帽、卡)及揭挂办法,在《站细》内规定。信号操作终端包括计算机联锁操作终端、继电联锁及非集中联锁控制台。

10.3.8 与本站(场)区有关作业人员间的联系、通知,可采用信息系统或设备通知(车站值班员布置进路及听取进路准备妥当的报告时除外),通知人员应及时确认被通知人员的签收回执,具体通知办法在《站细》内规定。

11 单(双)线自动闭塞分散自律控制模式下车站操作方式(未设信号员)

11.1 接发列车作业程序图

11.1.1 接车(含通过)作业程序图

接车(含通过)作业程序见图1.20。

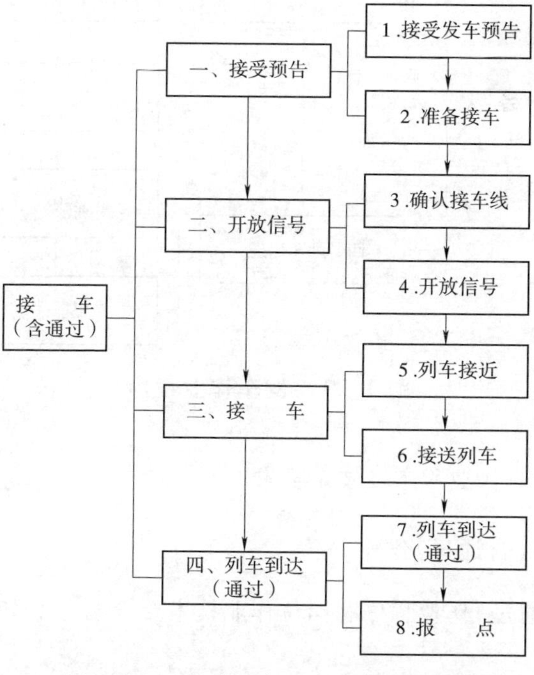

图1.20 接车(含通过)作业程序

11.1.2 发车作业程序图

发车作业程序见图 1.21。

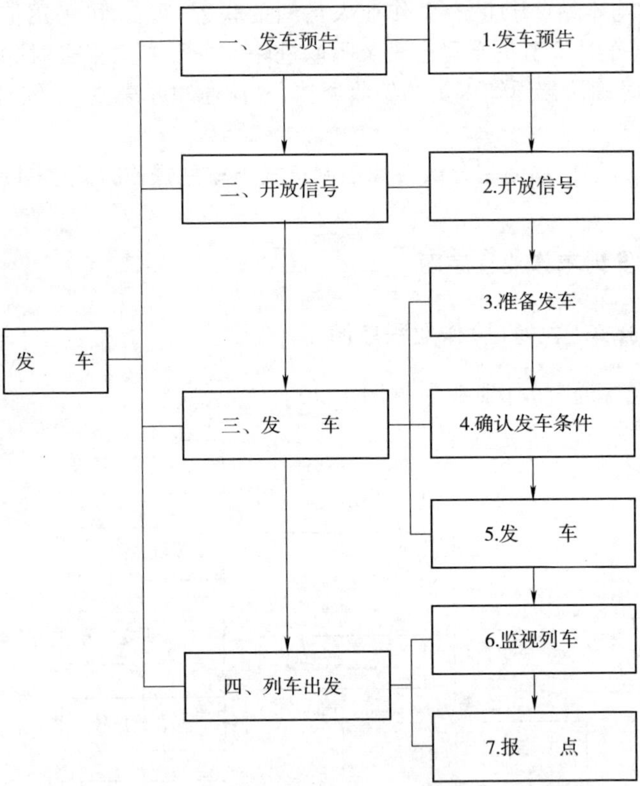

图 1.21　发车作业程序

11.2 接发列车作业程序及技术要求

11.2.1 接车(含通过)作业

接车(含通过)作业程序和岗位作业技术要求见表 1.17。

表 1.17 接车(含通过)作业程序和岗位作业技术要求

作业程序		岗位作业技术要求		事项要求
程序	项目	车站值班员	助理值班员	
一、接受预告	1. 接受发车预告	(1)在 CTC 系统中接到发车站预告(语音提示)后,核对车次、时刻、命令、指示(必要时与列车调度员联系)	—	发车站不需办理预告时,按列车运行计划核对车次、时刻、命令、指示(必要时与列车调度员联系)
		(2)核对正确后,眼看:鼠标箭头指向×(次)按钮,口呼:"×(次)",点击鼠标左键。眼看:鼠标箭头指向同意按钮,口呼:"同意预告",点击鼠标左键	—	发车站不需办理预告时,此项作业省略
	2. 准备接车	(3)确认接车线,核对进路序列中车次、方向、股道等信息正确	—	—
二、开放信号	3. 确认接车线	(4)在 CTC 系统中确认发车站开车(语音提示)后,通知助理值班员:"×(次)开过来(了),×道**停车**[通过][到开]",并听取复诵	(1)复诵:"×(次)开过来(了),×道**停车**[通过][到开]"	—
		(5)按《站细》规定通知有关人员	—	—
		(6)确认接车线路空闲	—	—
		(7)停止影响进路的调车作业	—	停止调车作业时机,在《站细》内规定。无影响进路的调车作业时,此项作业省略

表 1.17 接车(含通过)作业程序和岗位作业技术要求(续)

作业程序		岗位作业技术要求		事项要求
程序	项目	车站值班员	助理值班员	
二、开放信号	4. 开放信号	(8)确认列车运行计划后,设置自触时,选中进路序列中相应车次,设置自触,设置完毕后,口呼"自触设置好"。待信号开放后,确认光带、信号显示正确,口呼:"×(次)信号好(了)"。 人工触发进路时,选中进路序列中相应车次口呼:"×(次)、×道**停车**[通过]",设置人工触发;确认光带、信号显示正确,口呼:"信号好(了)"。 人工排列进路时,口呼:"进站",点击始端按钮;需办理变通进路时,口呼:"变通××",点击相应变通按钮;口呼:"×道"(正线通过时,口呼:"出站"),点击终端按钮;设有延续进路时,口呼:"延续××",点击相应延续进路按钮。确认光带、信号显示正确,口呼:"信号好(了)"	(2)通过信号操纵终端确认信号正确,应答:"×道进站信号好(了)"[通过时,应答:"×道进、出站信号好(了)"]	开放信号时可选择使用自触、人工触发、人工排列进路。 接通过列车时,应先办理有关发车作业。 "变通××"中的"××"为按钮名称。"延续××"中的"××"为延续的按钮或线路名称。 助理值班员在室外作业时,(2)项作业省略
三、接车	5. 列车接近	(9)通过信号操作终端监视信号及进路表示	—	—
		(10)第二(三)接近语音提示、光带变红,再次确认信号开放正确,通知助理值班员:"×(次)接近,×道接车",并听取复诵	(3)再次确认信号正确,复诵:"×(次)接近,×道接车"	—

表 1.17　接车(含通过)作业程序和岗位作业技术要求(续)

作业程序		岗位作业技术要求		事项要求
程序	项目	车站值班员	助理值班员	
三、接车	6. 接送列车	—	(4)到《站细》规定地点接车。接通过列车时,眼看、手指出站信号,确认信号开放正确,口呼:"×道出站信号好(了)"	—
四、列车到达(通过)	7. 列车到达(通过)	(11)通过信号操作终端监视进路、信号及列车进(出)站	(5)监视列车进站,于列车停妥后返回。通过列车,于列车尾部越过接车地点,确认列车尾部标志后返回	—
		(12)通过信号操作终端确认列车整列进入(通过)接车线	—	—
	8. 报点	(13)计算机报点系统自动向列车调度员报点	—	不能自动报点时,向列车调度员报点:"×(站)报点,×(次)、(×点)×(分)到[通过]"

11.2.2　发车作业

发车作业程序和岗位作业技术要求见表 1.18。

表 1.18　发车作业程序和岗位作业技术要求

作业程序		岗位作业技术要求		事项要求
程序	项目	车站值班员	助理值班员	
一、发车预告	1. 发车预告	(1)根据列车运行计划,眼看:鼠标箭头指向×(次)按钮,口呼:"×(次)",点击鼠标左键。眼看:鼠标箭头指向预告按钮,口呼:"预告",点击鼠标左键。确认接车站同意预告语音提示后口呼:"×(次)预告好"	—	不需人工办理预告时,按列车运行计划核对车次、时刻,确认列车接发顺序
二、开放信号	2. 开放信号	(2)停止影响进路的调车作业	—	停止调车作业时机,在《站细》内规定。无影响进路的调车作业时,此项作业省略
		(3)确认列车运行计划后,设置自触时,选中进路序列中相应车次,设置自触,设置完毕后,口呼"自触设置好"。待信号开放后,确认光带、信号显示正确,口呼:"×(次)信号好(了)"。 人工触发进路时,选中进路序列中相应车次口呼:"×(次)、×道发车",设置人工触发;确认光带、信号显示正确,口呼:"信号好(了)"。 人工排列进路时,口呼:"×道",点击始端按钮;需办理变通进路时,口呼:"变通××",点击相应变通按钮;口呼:"出站",点击终端按钮。确认光带、信号显示正确,口呼:"信号好(了)"	(1)通过信号操作终端确认信号正确,应答:"×道出站信号好(了)"	开放信号时可选择使用自触、人工触发、人工排列进路。 "变通××"中的"××"为按钮名称。 助理值班员在室外作业时,(1)项作业省略

表 1.18 发车作业程序和岗位作业技术要求(续)

作业程序		岗位作业技术要求		事项要求
程序	项目	车站值班员	助理值班员	
三、发车	3. 准备发车	(4)通知助理值班员:"×(次)、×道发车",并听取复诵	(2)复诵:"×(次)、×道发车"	助理值班员在室外作业时,可提前告知发车计划。 使用列车无线调度通信设备通知时,应在用语前增加姓名或代号
	4. 确认发车条件	(5)通过信号操作终端监视信号及进路表示	(3)发车前,眼看、手指出站信号,确认信号开放正确,口呼:"×道出站信号好(了)"	—
		—	(4)确认旅客上下、行包装卸和列检作业等完了(或得到通知)	—
	5. 发车	—	(5)按规定站在适当地点,显示发车信号或使用列车无线调度通信设备发车	由车站值班员使用列车无线调度通信设备发车时,应确认发车条件具备(或得到报告)
四、列车出发	6. 监视列车	(6)通过信号操作终端确认列车整列出站	(6)监视列车,于列车尾部越过发车地点,确认列车尾部标志后返回	—
	7. 报点	(7)计算机报点系统自动向列车调度员报点	—	不能自动报点时,向列车调度员报点:"×(站)报点,×(次)、(×点)×(分)开"

11.3 其他要求

11.3.1 本章适用于单(双)线自动闭塞分散自律控制模式下车站操作方式未设信号员的车站(宁武西站、龙宫站、北大牛站、原平南站、东冶站、滴流磴站、小觉站、西柏坡站、三汲站、灵寿站、行唐站、新曲站、定州西站、安国站、蠡县站、太师庄站、河间站、黎民居站、沧州西站、李天木站)接发列车作业。

11.3.2 开放信号时,执行"一看、二点击、三确认、四呼唤"及"眼看、手指、口呼"制度。眼看:看准应操纵的按钮;手指:鼠标箭头对准应确认的按钮;口呼:规定用语,吐字清晰。

11.3.3 一端有两个及以上列车运行方向,车站值班员准备进路、确认信号时,应以线名或邻站名区别方向("线"或"站"字可省略。分主次方向时,可只在次要方向增加线名或邻站名区分);有两个及以上车场或经路时,车站值班员办理预告、准备进路、确认信号,应区分车场或经路。具体办法在《站细》内规定。

11.3.4 列车区间运行时分小于规定的开放进站信号时分时,办理信号时机在《站细》内规定。

11.3.5 接发列车时,应按规定执行车机联控。

11.3.6 未设助理值班员的车站及助理值班员不参与发车的列车,由车站值班员按规定确认发车条件具备(或得到报告)后发车,同时本标准中其他涉及助理值班员的有关作业省略。确认发车条件的具体办法在《站细》内规定。

11.3.7 信号操作终端上使用的行车表示牌(帽、卡)及揭挂办法,在《站细》内规定。信号操作终端包括计算机联锁操作终端、继电联锁及非集中联锁控制台。

11.3.8 与本站(场)区有关作业人员间的联系、通知,可采用信息系统或设备通知(车站值班员布置进路及听取进路准备妥当的报告时除外),通知人员应及时确认被通知人员的签收回执,具体通知办法在《站细》内规定。

12 自动站间闭塞分散自律控制模式下车站操作方式(设信号员)

12.1 接发列车作业程序图

12.1.1 接车(含通过)作业程序图

接车(含通过)作业程序见图 1.22。

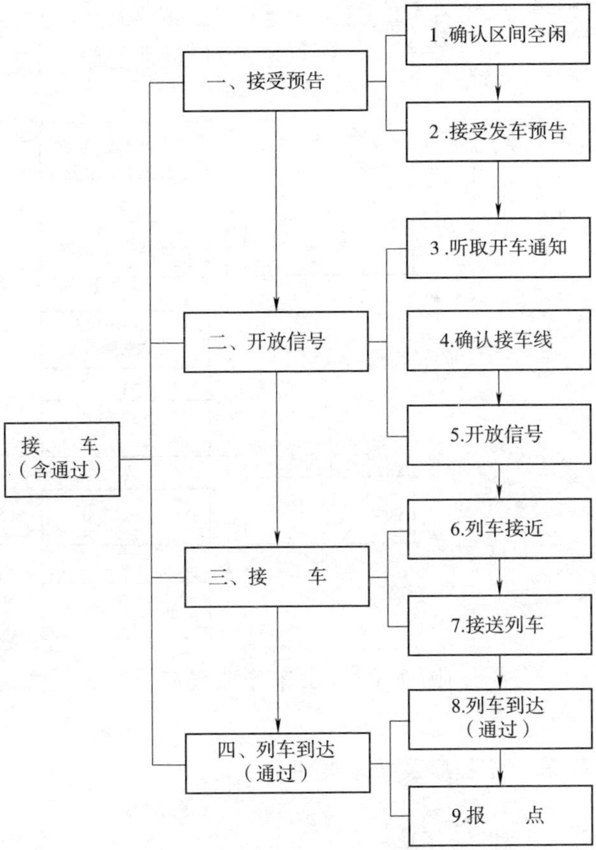

图 1.22 接车(含通过)作业程序

12.1.2 发车作业程序图

发车作业程序见图 1.23。

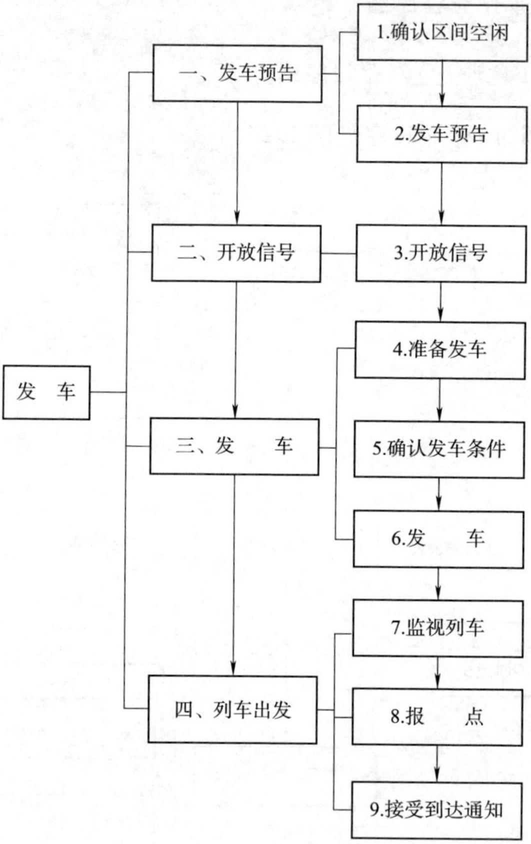

图 1.23　发车作业程序

12.2 接发列车作业程序及技术要求

12.2.1 接车(含通过)作业

接车(含通过)作业程序和岗位作业技术要求见表 1.19。

表 1.19　接车(含通过)作业程序和岗位作业技术要求

作业程序		岗位作业技术要求			事项要求
程序	项目	车站值班员	信 号 员	助理值班员	
一、接受预告	1. 确认区间空闲	(1)在 CTC 系统中接到发车站预告(语音提示)后,核对车次、时刻、命令、指示(必要时与列车调度员联系)	—	—	—
		(2)根据表示灯、行车日志及各种行车表示牌,确认区间空闲	—	—	—
	2. 接受发车预告	(3)核对正确后,指示信号员:“同意×(次)预告”,并听取复诵	(1)复诵:“同意×(次)预告”。眼看:鼠标箭头指向×(次)按钮,口呼:“×(次)”,点击鼠标左键。眼看:鼠标箭头指向同意按钮,口呼:“同意预告”,点击鼠标左键。确认正确后,口呼:“×(次)预告好”	—	—
		(4)确认接车线,核对进路序列中车次、方向、股道等信息正确	—	—	—

表 1.19　接车(含通过)作业程序和岗位作业技术要求(续)

作业程序		岗位作业技术要求			事项要求
程序	项目	车站值班员	信号员	助理值班员	
二、开放信号	3.听取开车通知	(5)在 CTC 系统中确认发车站开车(语音提示)后,通知信号员、助理值班员:"×(次)开过来(了),×道**停车**[通过][到开]",并听取复诵	(2)复诵:"×(次)开过来(了),×道**停车**[通过][到开]"	(1)复诵:"×(次)开过来(了),×道**停车**[通过][到开]"	—
		(6)按《站细》规定通知有关人员	—	—	—
	4.确认接车线	(7)确认接车线路空闲	—	—	—
		(8)通知信号员停止影响进路的调车作业并听取报告	(3)停止影响进路的调车作业。确认停止后报告	—	停止调车作业时机和通知、应答、报告用语,在《站细》内规定。无影响进路的调车作业时,此项作业省略
	5.开放信号	(9)确认列车运行计划后,布置信号员准备进路,口呼:"×(次)×道**停车**[通过],**设置自触**[人工触发进路时:触发进路;人工排列进路时:开放信号]";听取信号员复诵无误后,命令:"执行"	(4)复诵:"×(次)×道**停车**[通过],**设置自触**[触发进路或开放信号]"	—	接通过列车时,应先办理有关发车作业。 车站值班员认为需指定延续进路或办理变通进路时,一并通知

表 1.19　接车(含通过)作业程序和岗位作业技术要求(续)

作业程序		岗位作业技术要求			事项要求
程序	项目	车站值班员	信号员	助理值班员	
二、开放信号	5. 开放信号	(10)确认信号正确,应答:"×道进站信号好(了)"[通过时,应答:"×道进、出站信号好(了)"]	(5)设置自触时,选中进路序列中相应车次,设置自触,设置完毕后,口呼"自触设置好"。待信号开放后,确认光带、信号显示正确,口呼:"×(次)信号好(了)"。 人工触发进路时,选中进路序列中相应车次并口呼:"×(次)、×道**停车**[通过]",设置人工触发;确认光带、信号显示正确,口呼:"信号好(了)"。 人工排列进路时,口呼:"进站",点击始端按钮;需办理变通进路时,口呼:"变通××",点击相应变通按钮;口呼:"×道"(正线通过时,口呼:"出站"),点击终端按钮;设有延续进路时,口呼:"延续××",点击相应延续进路按钮。确认光带、信号显示正确,口呼:"信号好(了)"	—	开放信号时可选择使用自触、人工触发、人工排列进路。 "变通××"中的"××"为按钮名称。 "延续××"中的"××"为延续的按钮或线路名称

表 1.19　接车(含通过)作业程序和岗位作业技术要求(续)

作业程序		岗位作业技术要求			事项要求
程序	项目	车站值班员	信号员	助理值班员	
三、接车	6. 列车接近	—	(6)通过信号操作终端监视信号及进路表示	—	—
		(11)再次确认信号正确,应答:"×(次)接近"	(7)接近语音提示、光带变红,再次确认信号开放正确,口呼:"×(次)接近"	—	—
		(12)通知助理值班员:"×(次)接近,×道接车",并听取复诵	—	(2)复诵:"×(次)接近,×道接车"	—
	7. 接送列车	—	—	(3)到《站细》规定地点接车。接通过列车时,眼看、手指出站信号,确认信号开放正确,口呼:"×道出站信号好(了)"	—

表 1.19　接车(含通过)作业程序和岗位作业技术要求(续)

作业程序		岗位作业技术要求			事项要求
程序	项目	车站值班员	信号员	助理值班员	
四、列车到达(通过)	8. 列车到达(通过)	—	(8)通过信号操作终端监视进路、信号及列车进(出)站	(4)监视列车进站,于列车停妥后返回。通过列车,于列车尾部越过接车地点,确认列车尾部标志后返回	—
		(13)应答:“好(了)”	(9)通过信号操作终端确认列车整列进入(通过)接车线、区间空闲。口呼:“×(次)**到达**[通过],×(站)区间空闲”	—	—
	9. 报点	(14)计算机报点系统自动向列车调度员报点	—	—	不能自动报点时,向列车调度员报点:“×(站)报点,×(次)、(×点)×(分)到[通过]”

12.2.2　发车作业

发车作业程序和岗位作业技术要求见表 1.20。

表1.20 发车作业程序和岗位作业技术要求

作业程序		岗位作业技术要求			事项要求
程序	项目	车站值班员	信号员	助理值班员	
一、发车预告	1. 确认区间空闲	(1)确认列车运行计划,根据表示灯、行车日志及各种行车表示牌,确认区间空闲	—	—	—
	2. 发车预告	(2)通知信号员:“办理×(次)预告”,并听取复诵	(1)复诵:“办理×(次)预告”。眼看:鼠标箭头指向×(次)按钮,口呼:“×(次)”,点击鼠标左键。眼看:鼠标箭头指向预告按钮,口呼:“预告”,点击鼠标左键。确认接车站同意预告(语音提示)后口呼:“×(次)预告好”	—	—
二、开放信号	3. 开放信号	(3)通知信号员停止影响进路的调车作业并听取报告	(2)停止影响进路的调车作业。确认停止后报告	—	停止调车作业时机和通知、应答、报告用语,在《站细》内规定。无影响进路的调车作业时,此项作业省略

表 1.20 发车作业程序和岗位作业技术要求(续)

作业程序		岗位作业技术要求			事项要求
程序	项目	车站值班员	信号员	助理值班员	
二、开放信号	3. 开放信号	(4)确认列车运行计划后,布置信号员准备进路,口呼:"×(次)×道发车,**设置自触**[人工触发进路时:触发进路;人工排列进路时:开放信号]";听取信号员复诵无误后,命令:"执行"	(3)复诵:"×(次)×道发车,**设置自触**[触发进路或开放信号]"	—	车站值班员认为需办理变通进路时,一并通知
		(5)确认信号开放正确,应答:"×道出站信号好(了)"	(4)设置自触时,选中进路序列中相应车次,设置自触,设置完毕后,口呼"自触设置好"。待信号开放后,确认光带、信号显示正确,口呼:"×(次)信号好(了)"。 人工触发进路时,选中进路序列中相应车次,确认弹出的提示框内容并口呼:"×(次)、×道发车",设置人工触发;确认光带、信号显示正确,口呼:"信号好(了)"	—	开放信号时可选择使用自触、人工触发、人工排列进路。 "变通××"中的"××"为按钮名称

表 1.20　发车作业程序和岗位作业技术要求(续)

作业程序		岗位作业技术要求			事项要求
程序	项目	车站值班员	信号员	助理值班员	
二、开放信号	3. 开放信号	(5)确认信号开放正确,应答:“×道出站信号好(了)”	人工排列进路时,口呼:“×道”,点击始端按钮;需办理变通进路时,口呼:“变通××”,点击相应变通按钮;口呼:“出站”,点击终端按钮。确认光带、信号显示正确,口呼:“信号好(了)”	—	开放信号时可选择使用自触、人工触发、人工排列进路。“变通××”中的“××”为按钮名称
三、发车	4. 准备发车	(6)通知助理值班员:“×(次)、×道发车”,并听取复诵	—	(1)复诵:“×(次)、×道发车”	助理值班员在室外接发车时,可提前告知发车计划。使用列车无线调度通信设备通知时,应在用语前增加姓名或代号
	5. 确认发车条件	—	(5)通过信号操作终端监视信号及进路表示	(2)发车前,眼看、手指出站信号,确认信号开放正确,口呼:“×道出站信号好(了)”	—

表 1.20 发车作业程序和岗位作业技术要求(续)

作业程序		岗位作业技术要求			事项要求
程序	项目	车站值班员	信号员	助理值班员	
三、发车	5. 确认发车条件	—	—	(3)确认旅客上下、行包装卸和列检作业等完了(或得到通知)	—
	6. 发车	—	—	(4)按规定站在适当地点，显示发车信号或使用列车无线调度通信设备发车	由车站值班员使用列车无线调度通信设备发车时，须确认发车条件具备(或得到报告)
四、列车出发	7. 监视列车	(7)应答:“好(了)”	(6)通过信号操作终端确认列车整列出站，口呼:“×(次)出站”	(5)监视列车,于列车尾部越过发车地点，确认列车尾部标志后返回	—
	8. 报点	(8)计算机报点系统自动向列车调度员报点	—	—	不能自动报点时，向列车调度员报点:“×(站)报点，×(次)、(×点)×(分)开”
	9. 接受到达通知	(9)确认列车到达接车站(语音提示)	(7)确认区间空闲	—	—

12.3 其他要求

12.3.1 本章适用于自动站间闭塞分散自律控制模式下车站操作方式设信号员的车站(东营西站)接发列车作业。

12.3.2 开放信号时,执行“一看、二点击、三确认、四呼唤”及“眼看、手指、口呼”制度。眼看:看准应操纵的按钮;手指:鼠标箭头对准应确认的按钮;口呼:规定用语,吐字清晰。

12.3.3 一端有两个及以上列车运行方向,车站值班员布置人工排列进路时,应以线名或邻站名区别方向(“线”或“站”字可省略。分主次方向时,可只在次要方向增加线名或邻站名区分);有两个及以上车场或经路时,车站值班员办理预告、布置人工排列进路,应区分车场或经路。具体办法在《站细》内规定。

12.3.4 列车区间运行时分小于规定的开放进站信号时分时,办理信号时机在《站细》内规定。

12.3.5 接发列车时,应按规定执行车机联控。

12.3.6 未设助理值班员的车站及助理值班员不参与发车的列车,由车站值班员按规定确认发车条件具备(或得到报告)后发车,同时本标准中其他涉及助理值班员的有关作业省略。确认发车条件的具体办法在《站细》内规定。

12.3.7 信号操作终端上使用的行车表示牌(帽、卡)及揭挂办法,在《站细》内规定。信号操作终端包括计算机联锁操作终端、继电联锁及非集中联锁控制台。

12.3.8 与本站(场)区有关作业人员间的联系、通知,可采用信息系统或设备通知(车站值班员布置进路及听取进路准备妥当的报告时除外),通知人员应及时确认被通知人员的签收回执,具体通知办法在《站细》内规定。

13 自动站间闭塞分散自律控制模式下车站操作方式(未设信号员)

13.1 接发列车作业程序图

13.1.1 接车(含通过)作业程序图

接车(含通过)作业程序见图1.24。

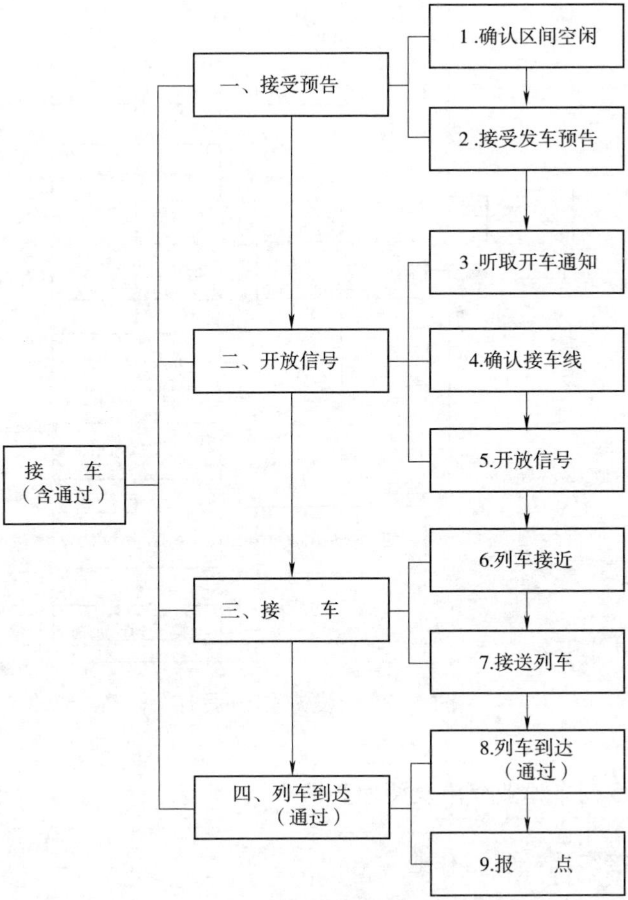

图1.24 接车(含通过)作业程序

13.1.2 发车作业程序图

发车作业程序见图 1.25。

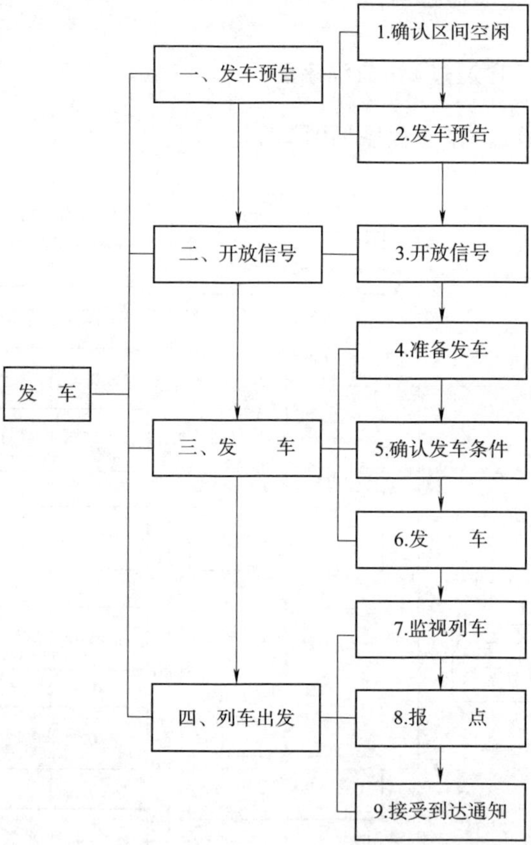

图 1.25 发车作业程序

13.2 接发列车作业程序及技术要求

13.2.1 接车(含通过)作业

接车(含通过)作业程序和岗位作业技术要求见表 1.21。

表 1.21　接车(含通过)作业程序和岗位作业技术要求

<table>
<tr><th colspan="2">作业程序</th><th colspan="2">岗位作业技术要求</th><th rowspan="2">事项要求</th></tr>
<tr><th>程序</th><th>项目</th><th>车站值班员</th><th>助理值班员</th></tr>
<tr><td rowspan="4">一、接受预告</td><td rowspan="2">1. 确认区间空闲</td><td>(1)在 CTC 系统中接到发车站预告(语音提示)后,核对车次、时刻、命令、指示(必要时与列车调度员联系)</td><td>—</td><td>—</td></tr>
<tr><td>(2)根据表示灯、行车日志及各种行车表示牌,确认区间空闲</td><td>—</td><td>—</td></tr>
<tr><td rowspan="2">2. 接受发车预告</td><td>(3)核对正确后,眼看:鼠标箭头指向×(次)按钮,口呼:“×(次)”,点击鼠标左键。眼看:鼠标箭头指向同意按钮,口呼:“同意预告”,点击鼠标左键</td><td>—</td><td>—</td></tr>
<tr><td>(4)确认接车线,核对进路序列中车次、方向、股道等信息正确</td><td>—</td><td>—</td></tr>
<tr><td rowspan="4">二、开放信号</td><td rowspan="2">3. 听取开车通知</td><td>(5)在 CTC 系统中确认发车站开车(语音提示)后,通知助理值班员:“×(次)开过来(了),×道停车[通过][到开]”,并听取复诵</td><td>(1)复诵:“×(次)开过来(了),×道停车[通过][到开]”</td><td>—</td></tr>
<tr><td>(6)按《站细》规定通知有关人员</td><td>—</td><td>—</td></tr>
<tr><td rowspan="2">4. 确认接车线</td><td>(7)确认接车线路空闲</td><td>—</td><td>—</td></tr>
<tr><td>(8)停止影响进路的调车作业</td><td>—</td><td>停止调车作业时机,在《站细》内规定。无影响进路的调车作业时,此项作业省略</td></tr>
</table>

表 1.21　接车(含通过)作业程序和岗位作业技术要求(续)

作业程序		岗位作业技术要求		事项要求
程序	项目	车站值班员	助理值班员	
二、开放信号	5. 开放信号	(9)确认列车运行计划后,设置自触时,选中进路序列中相应车次,设置自触,设置完毕后,口呼“自触设置好”。待信号开放后,确认光带、信号显示正确,口呼:“×(次)信号好(了)”。 人工触发进路时,选中进路序列中相应车次,确认弹出的提示框内容并口呼:“×(次)、×道**停车**[通过]”,设置人工触发;确认光带、信号显示正确,口呼:“信号好(了)”。 人工排列进路时,口呼:“进站”,点击始端按钮;需办理变通进路时,口呼:“变通××”,点击相应变通按钮;口呼:“×道”(正线通过时,口呼:“出站”),点击终端按钮;设有延续进路时,口呼:“延续××”,点击相应延续进路按钮。确认光带、信号显示正确,口呼:“信号好(了)”	(2)通过信号操作终端确认信号正确,应答:“×道进站信号好(了)”[通过时,应答:“×道进、出站信号好(了)”]	开放信号时可选择使用自触、人工触发、人工排列进路。 接通过列车时,应先办理有关发车作业。 “变通××”中的“××”为按钮名称。“延续××”中的“××”为延续的按钮或线路名称。 助理值班员在室外接发车时,(2)项作业省略
三、接车	6. 列车接近	(10)通过信号操作终端监视信号及进路表示	—	—
		(11)接近语音提示、光带变红,再次确认信号开放正确	—	—
		(12)通知助理值班员:“×(次)接近,×道接车”,并听取复诵	(3)通过信号操作终端再次确认信号正确,复诵:“×(次)接近,×道接车”	—

表 1.21 接车(含通过)作业程序和岗位作业技术要求(续)

作业程序		岗位作业技术要求		事项要求
程序	项目	车站值班员	助理值班员	
三、接车	7. 接送列车	—	(4)到《站细》规定地点接车。接通过列车时,眼看、手指出站信号,确认信号开放正确,口呼:“×道出站信号好(了)”	—
四、列车到达(通过)	8. 列车到达(通过)	(13)通过信号操作终端监视进路、信号及列车进(出)站	(5)监视列车进站,于列车停妥后返回。通过列车,于列车尾部越过接车地点,确认列车尾部标志后返回	—
		(14)通过信号操作终端确认列车整列进入(通过)接车线、区间空闲	—	—
	9. 报点	(15)计算机报点系统自动向列车调度员报点	—	不能自动报点时,向列车调度员报点:“×(站)报点,×(次)、(×点)×(分)到[通过]”

13.2.2 发车作业

发车作业程序和岗位作业技术要求见表 1.22。

表1.22 发车作业程序和岗位作业技术要求

<table>
<tr><th colspan="2">作业程序</th><th colspan="2">岗位作业技术要求</th><th rowspan="2">事项要求</th></tr>
<tr><th>程序</th><th>项目</th><th>车站值班员</th><th>助理值班员</th></tr>
<tr><td rowspan="2">一、发车预告</td><td>1. 确认区间空闲</td><td>(1)确认列车运行计划,根据表示灯、行车日志及各种行车表示牌,确认区间空闲</td><td>—</td><td>—</td></tr>
<tr><td>2. 发车预告</td><td>(2)眼看:鼠标箭头指向×(次)按钮,口呼:“×(次)”,点击鼠标左键。眼看:鼠标箭头指向预告按钮,口呼:“预告”,点击鼠标左键。确认接车站同意预告(语音提示)后口呼:“×(次)预告好”</td><td>—</td><td>—</td></tr>
<tr><td rowspan="2">二、开放信号</td><td rowspan="2">3. 开放信号</td><td>(3)停止影响进路的调车作业</td><td>—</td><td>停止调车作业时机,在《站细》内规定。无影响进路的调车作业时,此项作业省略</td></tr>
<tr><td>(4)确认列车运行计划后,设置自触时,选中进路序列中相应车次,设置自触,设置完毕后,口呼“自触设置好”。待信号开放后,确认光带、信号显示正确,口呼:“×(次)信号好(了)”。
人工触发进路时,选中进路序列中相应车次,确认弹出的提示框内容并口呼:“×(次)、×道发车”,设置人工触发;确认光带、信号显示正确,口呼:“信号好(了)”。
人工排列进路时,口呼:“×道”,点击始端按钮;需办理变通进路时,口呼:“变通××”,点击相应变通按钮;口呼:“出站”,点击终端按钮。确认光带、信号显示正确,口呼:“信号好(了)”</td><td>(1)通过信号操作终端确认信号正确,应答:“×道出站信号好(了)”</td><td>开放信号时可选择使用自触、人工触发、人工排列进路。
“变通××”中的“××”为按钮名称。
助理值班员在室外接发车时,(1)项作业省略</td></tr>
</table>

表 1.22　发车作业程序和岗位作业技术要求(续)

作业程序		岗位作业技术要求		事项要求
程序	项目	车站值班员	助理值班员	
三、发车	4. 准备发车	(5)通知助理值班员:"×(次)、×道发车",并听取复诵	(2)复诵:"×(次)、×道发车"	助理值班员在室外作业时,可提前告知发车计划。使用列车无线调度通信设备通知时,应在用语前增加姓名或代号
	5. 确认发车条件	(6)通过信号操作终端监视信号及进路表示	(3)发车前,眼看、手指出站信号,确认信号开放正确,口呼:"×道出站信号好(了)"	—
		—	(4)确认旅客上下、行包装卸和列检作业等完了(或得到通知)	—
	6. 发车	—	(5)按规定站在适当地点,显示发车信号或使用列车无线调度通信设备发车	由车站值班员使用列车无线调度通信设备发车时,须确认发车条件具备(或得到报告)
四、列车出发	7. 监视列车	(7)通过信号操作终端确认列车整列出站	(6)监视列车,于列车尾部越过发车地点,确认列车尾部标志后返回	—
	8. 报点	(8)计算机报点系统自动向列车调度员报点	—	不能自动报点时,向列车调度员报点:"×(站)报点,×(次)、(×点)×(分)开"
	9. 接受到达通知	(9)确认列车到达接车站(语音提示)、表示灯熄灭、区间空闲	—	—

13.3 其他要求

13.3.1 本章适用于自动站间闭塞分散自律控制模式下车站操作方式未设信号员的车站(黄骅东站、羊三木站、窦庄子站、郭庄子站、北港农场站、大港水库站、贾象站、海兴南站、碣石山站、无棣北站、沾化西站、滨城站、利津站、丁庄站、羊口站)接发列车作业。

13.3.2 开放信号时,执行“一看、二点击、三确认、四呼唤”及“眼看、手指、口呼”制度。眼看:看准应操纵的按钮;手指:鼠标箭头对准应确认的按钮;口呼:规定用语,吐字清晰。

13.3.3 一端有两个及以上列车运行方向,车站值班员准备进路、确认信号时,应以线名或邻站名区别方向(“线”或“站”字可省略。分主次方向时,可只在次要方向增加线名或邻站名区分);有两个及以上车场或经路时,车站值班员办理预告、准备进路、确认信号,应区分车场或经路。具体办法在《站细》内规定。

13.3.4 列车区间运行时分小于规定的开放进站信号时分时,办理信号时机在《站细》内规定。

13.3.5 接发列车时,应按规定执行车机联控。

13.3.6 未设助理值班员的车站及助理值班员不参与发车的列车,由车站值班员按规定确认发车条件具备(或得到报告)后发车,同时本标准中其他涉及助理值班员的有关作业省略。确认发车条件的具体办法在《站细》内规定。

13.3.7 信号操作终端上使用的行车表示牌(帽、卡)及揭挂办法,在《站细》内规定。信号操作终端包括计算机联锁操作终端、继电联锁及非集中联锁控制台。

13.3.8 与本站(场)区有关作业人员间的联系、通知,可采用信息系统或设备通知(车站值班员布置进路及听取进路准备妥当的报告时除外),通知人员应及时确认被通知人员的签收回执,具体通知办法在《站细》内规定。

二、作业风险管理

1 接车(通过)作业工作任务风险管理表

接车(通过)作业工作任务风险管理见表1.23。

表1.23 接车(通过)作业工作任务风险管理

序号	工序	管理对象	风险类别	危险源	后果	风险等级	预控措施	控制标准
1	接受预告	作业人员	环境	恶劣天气作业	危及行车及调车、人身安全	中度	(1)降低调车速度,连挂车辆前一度停车; (2)手信号调车显示距离不足时,改为夜间信号,利用口笛进行呼唤应答; (3)室外作业提前出场,并佩戴好防护用品,注意机车车辆动态及脚下障碍物	保证恶劣天气作业、人身安全
2		车站值班员、信号员	行为	CTC车次与运行计划车次不符	耽误列车	低度	(1)监视CTC系统车次复示情况; (2)按照阶段计划及时更改; (3)车站值班员与调度员联系	CTC车次与阶段计划一致
3		车站值班员、助理值班员、扳道员	行为	错误办理闭塞、进路、凭证	耽误列车	中度	(1)确认办理闭塞、进路、凭证(信号)条件; (2)在办理闭塞、进路、凭证时,车站值班员、助理值班员、扳道员做好核对确认	确保接发列车安全

表 1.23　接车(通过)作业工作任务风险管理(续)

序号	工序	管理对象	风险类别	危险源	后果	风险等级	预控措施	控制标准
4	开放信号	车站值班员、助理值班员、信号员	行为	未确认接车线路空闲接入列车	耽误列车	中度	(1)根据控制台、行车日志等确认接车线路空闲; (2)助理值班员根据占线板和现场确认接车线路空闲	确保接发列车安全
5		车站值班员、助理值班员、调车人员	行为	脱轨器未下脱挂车或接车	耽误列车	高度	(1)助理值班员与列检值班员确认脱轨器状态,向车站值班员汇报; (2)车站值班员确认下脱后,方准布置准备进路; (3)调车作业时在脱轨器前一度停车现场检查脱轨器状态	脱轨器在挂车、接入列车前保持下脱状态
6		车站值班员、信号员、助理值班员、调车员	行为	电力机车带电进入无电区	人身伤害	高度	(1)无网区段在控制台标示;部分接触网停电,控制台标示“停电”,停电区域两端道岔扳向不能进入的位置并加锁; (2)电力机车进入货物线、专用线作业前,现场检查隔离开关处于“闭合”位; (3)调车作业通知单须注明“有电”“无电”字样	确保电力机车不带电进入无电区
7		车站值班员、信号员、调车员	行为	抢钩作业	耽误列车	中度	(1)按照《站细》规定时机停止影响接发列车进路的调车作业; (2)得到现场的汇报后,方可布置进路	保证行车、调车作业安全

表 1.23 接车(通过)作业工作任务风险管理(续)

序号	工序	管理对象	风险类别	危险源	后果	风险等级	预控措施	控制标准
8	开放信号	车站值班员、信号员	行为	分路不良区段未确认空闲排列进路	列车脱轨	高度	(1)排列进路前,通过现场人员确认分路不良区段无机车车辆; (2)有关作业人员采取钩钩联系制度; (3)未得到现场人员的报告前,严禁操纵道岔、排列进路	掌握分路不良区段状态,确认后方可排列进路
9		车站值班员、信号员	行为	旅客列车未接入规定线路	延误列车	中度	(1)听清再办,看准再按; (2)车站值班员与信号员确认线路正确; (3)按时腾空旅客列车接车线路	保证旅客列车安全正点
10		车站值班员、助理值班员、扳道员	行为	错误办理闭塞、进路、凭证	耽误列车	中度	(1)确认办理闭塞、进路、凭证(信号)条件; (2)在办理闭塞、进路、凭证时,车站值班员、助理值班员、扳道员做好核对确认	确保接发列车安全
11	接车	车站值班员、信号员、助理值班员	行为	未按规定进行车机联控或车机联控信息处理不当	列车停车	低度	(1)车站值班员联控时,由信号员或助理值班员互控; (2)正确收集车机联控信息内容,及时通知相关单位	车机联控正确、信息上报及时

表 1.23　接车(通过)作业工作任务风险管理(续)

序号	工序	管理对象	风险类别	危险源	后果	风险等级	预控措施	控制标准
12	接车	作业人员	行为	漏通知有关人员接发列车	耽误列车	低度	(1)车站值班员按规定通知有关人员接发车,并听取复诵; (2)各工种间做好互控	接发列车时有关人员随时注意车辆运行和货物装载状态
13	接车	车站值班员	行为	两万吨列车紧急停车后处置不当	耽误列车	中度	(1)车站值班员接到司机报告后,立即通知邻线相关列车运行至该地段时加强瞭望,降速运行或停车; (2)车站立即通知设备单位人员对该地段线路进行重点检查; (3)车站及时做好信息反馈上报	避免列车停车后对后续列车或邻线的行车影响
14	接车	车站值班员、信号员	行为	信号突变未及时发现	耽误列车	低度	信号开放后,车站值班员(信号员)不间断监视显示状态	保证设备发生异常及时发现,及时处理
15	列车到达(通过)	车站值班员、信号员	行为	信号突变未及时发现	耽误列车	低度	信号开放后,车站值班员(信号员)不间断监视显示状态	保证设备发生异常及时发现,及时处理
16	列车到达(通过)	车站值班员、信号员	行为	未按规定使用“计轴复零和故障”按钮	耽误列车	低度	(1)使用计轴前设备复位前,必须确认相关线路、区间空闲; (2)正线及区间线路复位前,必须得到列车调度员准许; (3)使用前严格登记“行车设备检查登记簿”	确认现场轨道电路占用状态与控制台显示一致

表 1.23　接车(通过)作业工作任务风险管理(续)

序号	工序	管理对象	风险类别	危险源	后果	风险等级	预控措施	控制标准
17	列车到达(通过)	车站值班员、助理值班员	行为	盲目解锁延续进路	列车冲突	中度	(1)助理值班员现场确认列车全部进入接车线股道内方并停妥； (2)根据助理值班员汇报办理延续进路的解锁，并做好登记	确保在接入超过 6‰ 下坡道的列车行车安全
18	列车到达(通过)	车站值班员、信号员	行为	半自动闭塞区间，未确认列车整列到达办理区间开通手续	列车冲突	中度	(1)助理值班员接车时通过列尾装置、尾号、软管吊起等确认整列到达； (2)车站值班员核对无误后确认区间空闲，方准办理区间开通手续	半自动闭塞区间，办理开通前确保区间空闲

2　发车作业工作任务风险管理表

发车作业工作任务风险管理见表 1.24。

表 1.24　发车作业工作任务风险管理

序号	工序	管理对象	风险类别	危险源	后果	风险等级	预控措施	控制标准
1	发车预告	作业人员	环境	恶劣天气作业	危及行车及调车、人身安全	中度	(1)降低调车速度，连挂车辆前一度停车； (2)手信号调车显示距离不足时，改为夜间信号，利用口笛或无线调车灯显设备进行呼唤应答； (3)室外作业提前出场，并佩戴好防护用品，注意机车车辆动态及脚下障碍物	保证恶劣天气作业、人身安全

表 1.24　发车作业工作任务风险管理(续)

序号	工序	管理对象	风险类别	危险源	后果	风险等级	预控措施	控制标准
2	发车预告	车站值班员、信号员	行为	CTC 车次与运行计划车次不符	耽误列车	低度	(1)监视 CTC 系统车次复示情况； (2)按照阶段计划及时更改； (3)车站值班员与调度员联系	CTC 车次与阶段计划一致
3		助理值班员、调车员	行为	关闭折角塞门发车	列车放飏	高度	(1)编组列车时或保留列车恢复运行前,对车辆折角塞门状态进行检查； (2)遇无列尾列车发车前,助理值班员到列车尾部会同司机简略试验	确保折角塞门处于打开状态,整列贯通
4		车站值班员、助理值班员、扳道员	行为	错误办理闭塞、进路、凭证	耽误列车	中度	(1)确认办理闭塞、进路、凭证(信号)条件； (2)在办理闭塞、进路、凭证时,车站值班员、助理值班员、扳道员做好核对确认	确保接发列车安全
5	开放信号	车站值班员、信号员、调车员	行为	抢钩作业	耽误列车	中度	(1)按照《站细》规定时机停止影响接发列车进路的调车作业； (2)得到现场的汇报后,方可布置进路	保证行车、调车作业安全
6		车站值班员、助理值班员、调车人员	行为	脱轨器未下脱挂车或接车	耽误列车	高度	(1)助理值班员与列检值班员确认脱轨器状态,向车站值班员汇报； (2)车站值班员确认下脱后,方准布置准备进路； (3)调车作业时在脱轨器前一度停车,现场检查脱轨器状态	脱轨器在挂车、接入列车前保持下脱状态

表 1.24　发车作业工作任务风险管理(续)

序号	工序	管理对象	风险类别	危险源	后果	风险等级	预控措施	控制标准
7	开放信号	车站值班员、信号员	行为	分路不良区段未确认空闲排列进路	列车脱轨	高度	(1)排列进路前,通过现场人员确认分路不良区段无机车车辆; (2)有关作业人员采取钩钩联系制度; (3)未得到现场人员的报告前,严禁操纵道岔、排列进路	掌握分路不良区段状态,确认后方可排列进路
8		车站值班员、助理值班员、扳道员	行为	错误办理闭塞、进路、凭证	耽误列车	中度	(1)确认办理闭塞、进路、凭证(信号)条件; (2)在办理闭塞、进路、凭证时,车站值班员、助理值班员、扳道员做好核对确认	确保接发列车安全
9		车站值班员、助理值班员	行为	错传、漏传调度命令	错办行车凭证发车	中度	(1)车站值班员与助理值班员做好互控; (2)发车前与司机进行车机联控,核对命令内容	防止错办凭证发出列车或错传、漏传有关注意事项
10		车站值班员、助理值班员	行为	未确认列车具备发车条件发车	人身伤害	中度	确认旅客列车车门关闭,列检作业完毕,票据、凭证、调度命令已交付,防溜已撤除,简略试验良好,信号开放正确	确保发车前,列车具备发车条件
11		车站值班员、助理值班员	行为	列尾未销号	耽误列车	低度	作业人员按规定对列尾主机进行销号,车站值班员做好互控	防止错挂、漏挂列尾主机

表 1.24 发车作业工作任务风险管理(续)

序号	工序	管理对象	风险类别	危险源	后果	风险等级	预控措施	控制标准
12	开放信号	车站值班员、信号员、助理值班员	行为	擅自取消发车信号	机车、车辆撞轧	中度	(1)需取消发车进路时,应先通知发车人员; (2)使用列车无线调度通信设备通知司机,得到司机的回示后方准取消发车信号	保证列车发车安全,防止列车冒进信号
13	发车	车站值班员、助理值班员	行为	未确认列车具备发车条件发车	人身伤害	中度	确认旅客列车车门关闭,列检作业完毕,票据、凭证、调度命令已交付,防溜已撤除,简略试验良好,信号开放正确	确保发车前,列车具备发车条件
14		车站值班员、助理值班员、扳道员	行为	错误办理闭塞、进路、凭证	耽误列车	中度	(1)确认办理闭塞、进路、凭证(信号)条件; (2)在办理闭塞、进路、凭证时,值班员、助理值班员、扳道员做好核对确认	确保接发列车安全
15		车站值班员、信号员	行为	信号突变未及时发现	耽误列车	低度	信号开放后,车站值班员(信号员)不间断监视显示状态	保证设备发生异常及时发现,及时处理
16		车站值班员、信号员	行为	未按规定使用"计轴复零和故障"按钮	耽误列车	低度	(1)使用计轴前设备复位前,必须确认相关线路、区间空闲; (2)正线及区间线路复位前,必须得到列车调度员准许; (3)使用前严格登记"行车设备检查登记簿"	确认现场轨道电路占用状态与控制台显示一致

调车作业标准

（Q/SHTL-CW02—2021）

一、作业标准

1 基本规定

本部分依据行业标准制定，给出了朔黄铁路调车作业的一般要求、基本规定、使用无线调车灯显设备的规定、手信号显示的规定、调车听觉信号的规定和铁路平面无线调车系统调车指令表。

本部分适用于朔黄铁路管内各站的调车作业。

1.1 铁路调车作业标准体系图

铁路调车作业标准体系见图 2.1。

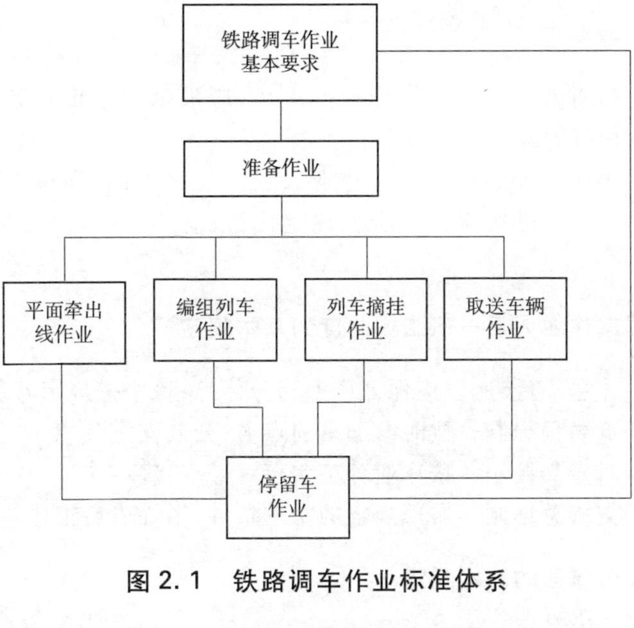

图 2.1 铁路调车作业标准体系

1.2 铁路调车作业基本规定与各项调车作业标准关联图

铁路调车作业基本规定与各项调车作业标准关联见图 2.2。

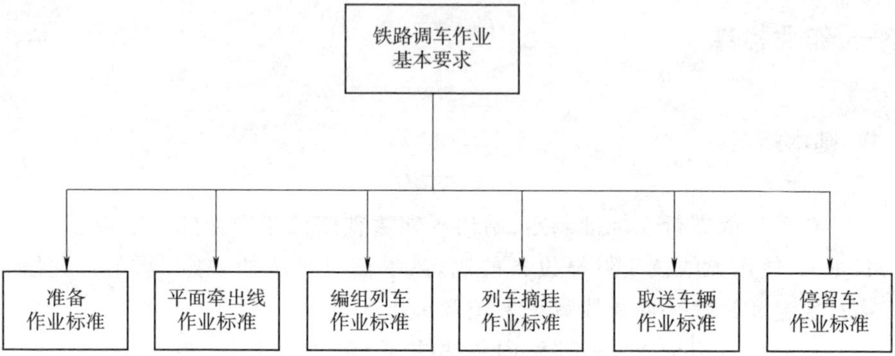

图 2.2 铁路调车作业基本规定与各项调车作业标准关联

1.3 基本要求

1.3.1 一般要求

1.3.1.1 所有参加铁路调车作业的人员,应根据技术设备条件和作业性质,执行相应的调车作业标准。

1.3.1.2 由于作业组织方法和作业人员的职名不同,岗位作业标准中的作业人员分工,可按岗位职责的规定执行,但不应简化标准中的技术要求。

1.3.2 调车作业人员一班工作制度的基本规定

1.3.2.1 休息、着装制。应保证班前充分休息,班中按规定着装。

1.3.2.2 点名预想制。按时参加班前点名,开展安全预想。

1.3.2.3 对号交接制。按作业分工实行对号交接。

1.3.2.4 交班总结制。实现规定的交班条件,做好班后工作总结。

1.3.3 调车作业的基本规定

1.3.3.1 调车工作应按本标准和车站的技术作业过程及调车作业计划进行。参加调车作业的人员应做到:

(a)及时编组、解体列车、取送货物作业和检修的车辆;

(b)充分运用调车机车及一切技术设备,采用先进工作方法,用最少

的时间完成调车任务;

(c)认真执行作业标准,保证调车有关人员的人身安全及行车安全。

1.3.3.2 调车工作应固定作业区域、线路使用、调车机车、人员、班次、交接班时间、交接班地点、工具数量及其存放地点。

作固定替换用的调车机车及小运转机车,应符合调车机车的条件(有前后头灯、扶手把、防滑脚踏板、无线调车灯显设备接口等)。

应使用符合标准的制动铁鞋及防溜器具,制动铁鞋及防溜器具应在规定的地点放置,用后归位。

1.3.3.3 使用本务机车进行调车作业时,可由车站值班员或助理值班员担任指挥工作。遇有特殊情况,可由胜任人员代替。

1.3.3.4 调车作业连结制动软管后应确认通风良好,具体确认方法,由企业规定。

1.3.3.5 机车限鸣区段,机车鸣笛信号按有关规定执行。

1.3.4 准备调车进路的规定

准备调车进路时,按下列要求:

(a)在扳动道岔、操纵信号时,应执行"一看、二扳(按、点击)、三确认、四显示(呼唤)"制度;

(b)扳道人员扳动道岔准备调车进路时,先确认道岔开通位置,再扳向所需位置;

(c)确认分管区域内调车进路上的道岔开通位置正确后还道;

(d)扳道人员在显示道岔开通信号时,应先显示股道号码信号(有股道号码表示器装置除外);

(e)使用无线调车灯显设备时,准许以语音通话方式办理要还道。

作业中,扳道人员应按调车作业计划的作业钩序进行扳道;扳道员、信号员在每钩调车作业计划完成后,应立即抹销。

1.3.5 调车作业速度及安全距离的规定

调车作业应准确掌握速度及安全距离,并按下列要求:

(a)在空线上牵引运行时,不应超过 40 km/h,推进运行时,不应超过 30 km/h;

(b)调动乘坐旅客或装载爆炸品、气体类危险货物、超限货物的车辆时,不应超过15 km/h;

(c)距停留车位置十、五、三车时,速度分别不应超过17 km/h、12 km/h、7 km/h,接近被连挂的车辆时,不应超过5 km/h;

(d)在尽头线上调车时,距线路终端应有10 m的安全距离;遇特殊情况近于10 m时,应严格控制速度;

(e)电力机车、动车组在有接触网终点的线路上调车时,应控制速度,距接触网终点标应有10 m的安全距离;遇特殊情况近于10 m时,应严格控制速度;

(f)遇天气不良等非正常情况,应适当降低速度。

1.3.6 使用无线调车灯显设备的规定

1.3.6.1 无线调车灯显设备正常使用时停用手信号,对灯显以外的作业指令采用通话方式。调车人员应正确及时发出信号指令和用语,做到用语标准、吐字清晰。无线调车灯显设备发生故障时,改用手信号指挥作业。如调车组人员间电台通话功能良好时,作业中仍可使用电台相互联系,但调车长须改用手信号方式指挥司机。

1.3.6.2 使用无线调车灯显设备指挥调车作业时,应执行单一指挥的原则,指挥机车的调车指令和用语,只能由调车长发出。

1.3.6.3 使用无线调车灯显设备调车作业时,不准许发出与调车作业无关的用语;其他无关人员不准许使用;不准许私自变更频率;调车长不准许向连结员放权使用;调车作业人员不到位,不准许指挥动车或作业;不准许简化调车作业程序。

1.3.6.4 调车长于接班后(第一批作业前)及调车作业间隔超过2 h,要组织调车人员、司机对平面无线调车灯显通话及信令试验,具体试验方法、试机通话用语及要求如下:

调车长呼调车组:“调车组试机”,并依次呼叫1号、2号等。

调车长呼司机:“(×调)司机试机”。

调车长、连结员操纵灯显按键,依次试验按钮指令信号。

连结员接到调车长指令后,应答“1号好、2号好”。

司机应答“(×调)司机明白”。

每次收到信令确认正确后,应答"信号显示好"。

调车长:全部试验完了,呼"试机完毕"。

1.3.6.5　调车作业中,需进入车档或车下进行摘结软管、调整钩位等作业前,连结员应使用无线调车灯显设备及时向调车长汇报,得到同意后按下紧急停车按钮,方可进行作业。当发现危及人身和行车安全时,调车人员应及时发出停车信号(紧急停车指令)或用语,司机接收到停车信号(紧急停车指令)或用语后应立即停车。

作业完毕或于紧急停车原因消除后,发出紧急停车指令的人员应及时向调车长汇报并"解锁"。

1.3.6.6　未安装固定式机车控制器的机车,担当调车作业时可使用便携机车控制器。作业开始前由调车人员将便携机车控制器送上机车,安置在适当位置,作业完了由调车人员取回。在作业中需要变更司机室操纵时,由司机将便携机车控制器移至需要位置,并负责连接。

1.3.6.7　无固定调车机车的车站,可根据需要配备便携机车控制器,一台使用,一台备用。

1.3.7　手信号显示的规定

1.3.7.1　显示

位置适当,正确及时,横平竖直,灯正圈圆,角度准确,段落清晰。

1.3.7.2　持旗作业

1.3.7.2.1　在显示手信号时,凡昼间持有手信号旗的人员,应将信号旗拢起,左手持红旗,右手持绿旗(扳道员右手持黄旗),不持信号旗的人员徒手按规定方式显示信号。

1.3.7.2.2　调车指挥人登乘机车车辆,一手抓把手,一手显示展开的绿色信号旗时,应将拢起的红色信号旗置于绿色信号旗对向司机方向的前面,以便能随时展开红色信号旗。

1.3.7.3　调车手信号的显示方式

调车手信号的显示方式如下:

a)停车信号

1)昼间——展开的红色信号旗(无红色信号旗时,两臂高举头上向两侧急剧摇动);

2)夜间——红色灯光(无红色灯光时,用白色灯光上下急剧摇动)。

b)减速信号

1)昼间——展开的绿色信号旗下压数次;

2)夜间——绿色灯光下压数次。

c)指挥机车向显示人方向来的信号

1)昼间——展开的绿色信号旗在下部左右摇动;

2)夜间——绿色灯光在下部左右摇动。

d)指挥机车向显示人方向稍行移动的信号

1)昼间——拢起的红色信号旗直立平举,再用展开的绿色信号旗左右小动;

2)夜间——绿色灯光下压数次后,再左右小动。

e)指挥机车向显示人反方向去的信号

1)昼间——展开的绿色信号旗上下摇动;

2)夜间——绿色灯光上下摇动。

f)指挥机车向显示人反方向稍行移动信号

1)昼间——拢起的红色信号旗直立平举,再用展开的绿色旗上下小动;

2)夜间——绿色灯光上下小动。

对显示本条b)、c)、d)、e)、f)项信号时,昼间可用单臂,夜间可用白色灯光依式中转。

1.3.7.4 联系用的手信号的显示方式

联系用的手信号的显示方式如下:

a)道岔开通信号:表示进路道岔准备妥当。

1)昼间——拢起的黄色信号旗高举头上左右摇动(机车出入段进路道岔准备妥当后为展开的黄色信号旗高举头上左右摇动);

2)夜间——白色灯光高举头上(机车出入段进路道岔准备妥当后为黄色灯光高举头上左右摇动)。

b)股道号码信号:要道或回示股道开通号码。

1)一道:昼间——两臂左右平伸;夜间——白色灯光左右摇动;

2)二道:昼间——右臂向上直伸,左臂下垂;夜间——白色灯光左右摇动后,从左下方向右上方高举;

3)三道:昼间——两臂向上直伸;夜间——白色灯光上下摇动;

4）四道：昼间——右臂向右上方，左臂向左下方各斜伸 45°角；夜间——白色灯光高举头上左右小动；

5）五道：昼间——两臂交叉于头上；夜间——白色灯光作圆形转动；

6）六道：昼间——左臂向左下方，右臂向右下方各斜伸 45°角；夜间——白色灯光作圆形转动后，再左右摇动；

7）七道：昼间——右臂向上直伸，左臂向左平伸；夜间——白色灯光作圆形转动后，左右摇动，然后再从左下方向右上方高举；

8）八道：昼间——右臂向右平伸，左臂下垂；夜间——白色灯光作圆形转动后，再上下摇动；

9）九道：昼间——右臂向右平伸，左臂向右下斜 45°角；夜间——白色灯光作圆形转动后，再高举头上左右小动；

10）十道：昼间——左臂向左上方，右臂向右上方各斜伸 45°角；夜间——白色灯光左右摇动后，再上下摇动做成十字形；

11）十一道至十九道，应先显示十道股道号码，再显示所要股道号码的个位数信号；

12）二十道至二十九道，应先显示两个十道股道号码，再显示所要股道号码的个位数信号。

c）连结信号：表示连挂作业。

1）昼间——两臂高举头上，使拢起的手信号旗杆成水平末端相接；

2）夜间——红、绿色灯光（无绿色灯光的人员，用白色灯光）交互显示数次。

d）溜放信号：表示溜放作业。

1）昼间——拢起的手信号旗两臂高举头上交叉后，急向左右摇动数次；

2）夜间——红色灯光作圆形转动。

e）停留车位置信号：表示车辆停留地点。

夜间——白色灯光左右小摇动。

f）十、五、三车距离信号：表示推进车辆的前端距被连挂车辆的距离。

1）昼间展开的绿色信号旗单臂平伸，在距离停留车十车（约 110 m）时连续下压 3 次，五车（约 55 m）时连续下压 2 次，三车（约 33 m）时下压 1 次；

2）夜间绿色灯光，在距离停留车十车（约 110 m）时连续下压 3 次，五车(约 55 m)时连续下压 2 次,三车(约 33 m)时下压 1 次。

g)取消信号:通知将前发信号取消。

1)昼间——拢起的手信号旗,两臂于前下方交叉后,急向左右摇动数次;

2)夜间——红色灯光作圆形转动后,上下摇动。

h)要求再度显示信号:前发信号不明,要求重新显示。

1)昼间——拢起的手信号旗右臂向右方上下摇动;

2)夜间——红色灯光上下摇动。

i)告知显示错误的信号:告知对方信号显示错误。

1)昼间——拢起的手信号旗两臂左右平伸同时上下摇动数次;

2)夜间——红色灯光左右摇动。

j)联络信号:要求显示信号。

1)昼间——拢起的手信号旗或徒手单臂向上高举;

2)夜间——白色灯光向上高举。

k)试闸良好(钩已提开)信号:表示人力制动机已经试验良好或车钩已经提开。

昼间及夜间显示方式均同联络信号。

l)指示司机鸣笛信号:指示司机按规定鸣笛。

1)昼间——拢起的手信号旗或徒手小臂向上直立上下小动;

2)夜间——绿色或白色灯光上下小动。

m)好了信号:通知此项作业已按规定正确完成。

1)昼间——拢起手信号旗或徒手上弧线向车辆方面作圆形转动;

2)夜间——白色灯光上弧线向车辆方面作圆形转动。

n)试拉信号:要求对车组(列)进行全部拉动试验。

1)昼间——拢起的红色信号旗直立平举,再用展开的绿色信号旗上下小动(徒手时,左小臂直立高举,右臂上下小动);

2)夜间——绿色或白色灯光上下小动。

o)推进信号:表示前方进路可以运行。

1)昼间——展开的绿色信号旗平伸。前部的调车人员负责瞭望,正常情况下可不显示信号;

2)夜间——绿色或白色灯光。

p)指示司机加速信号:指示司机加速运行。

1)昼间——展开的绿色信号旗或单臂平伸左右迅速摇动;

2)夜间——绿色或白色灯光左右迅速摇动。

1.3.8 调车听觉信号的规定

1.3.8.1 调车作业中使用听觉信号时,鸣示音响长声为 3 s、短声为 1 s,音响间隔为 1 s;重复鸣示时,应间隔 5 s 以上。在天气不良的情况下,无线调车灯显设备发生故障且又无法确认手信号联系作业时,调车作业人员方能使用听觉信号作业。

1.3.8.2 机车、自轮运转特种设备鸣笛鸣示方式见表 2.1。

表 2.1 机车、自轮运转特种设备鸣笛鸣示方式

名　称	鸣示方式	用途及时机
起动注意信号	一长声　—	机车车辆开始前进时
呼唤信号	二短一长声　· · —	(1)机车要求出入段时; (2)在车站要求显示信号时
警报信号	一长三短声　— · · ·	(1)发现线路有危及行车安全的不良处所时; (2)发生重大、大事故及其他需要救援情况时
试验自动制动机及复示信号	一短声　·	(1)试验制动机开始减压时; (2)接到试验制动结束的手信号,回答试风人员时; (3)调车作业中,表示已接受调车长所发出的手信号时
缓解及溜放信号	二短声　· ·	(1)试验制动机缓解时; (2)要求缓解人力制动机时; (3)复示溜放调车信号时
拧紧人力制动机信号	三短声　· · ·	要求就地制动时
紧急停车信号	连续短声　· · · · · · ·	司机发现(或接到通知)邻线发生障碍,向邻线司机发出紧急停车信号时。邻线司机听到此种信号后,应紧急停车

1.3.8.3 调车扳道人员使用口笛、号角的鸣示方式见表2.2。

表2.2 调车扳道人员使用口笛、号角的鸣示方式

鸣示方式	用途及时机
一长声 —	指示机车向显示人反方向移动
一短一长声 ·—	指示机车向显示人方向移动
一短声 ·	试验制动机减压
二短声 ··	试验制动机缓解
一短一长二短声 ·—··	试验制动机完了及安全信号
一短声 ·	一道
二短声 ··	二道
三短声 ···	三道
四短声 ····	四道
五短声 ·····	五道
一长一短声 —·	六道
一长二短声 —··	七道
一长三短声 —···	八道
一长四短声 —····	九道
二长声 ——	十道
二短二长声 ··——	二十道
三短声 ···	十车距离信号
二短声 ··	五车距离信号
一短声 ·	三车距离信号
一长一短一长声 —·—	连结及停留车位置
连续短声 ······	停车
二长三短声 ——···	要求司机鸣笛
一短声 ·	试拉

表 2.2 调车扳道人员使用口笛、号角的鸣示方式(续)

鸣示方式	用途及时机
连续二短声 ·· ··	减速
三长声 ———	溜放
二长一短声 ——·	取消
二长二短声 ——··	再显示
二长声 ——	上行列车接近通报信号
一长声 —	下行列车接近通报信号

1.3.9 铁路平面无线调车系统调车指令见表 2.3。

表 2.3 铁路平面无线调车系统调车指令

内容	手持台按键	机控器语音提示	机控器信号灯显示	注释
调车员	红	停车	一个红灯	操作过程中任何时刻按下红键 1.5 s 或听到提示音后马上松开按键都能发停车信号
	绿(2 s)	起动	绿灯闪数不少于 3 次后熄灭	牵出,单机起动信号
	绿绿	推进	一个绿灯	进行信号
	黄黄	减速	黄灯闪后绿灯长亮	减速信号
	黄(1.5 s)	十车	黄灯长亮	十车、五车、三车可以在任何时候发出
	黄(0.5 s)	五车	黄灯长亮	直接发五车用“黄 绿”
	黄(0.5 s)	三车	黄灯长亮	直接发三车用“黄 红”
	绿红	连结	绿红灯交替后绿灯长亮	
	绿黄	溜放	绿黄灯交替后绿灯长亮	
	黄(1.5 s)	呼叫区长		只能在无测机信号时发送

表 2.3　铁路平面无线调车系统调车指令(续)

内容	手持台按键	机控器语音提示	机控器信号灯显示	注　　释
连结员手持台	红键	紧急停车×号×号	二个红灯	二个红灯亮后封锁调车员的一切指令
	黄	×号解锁	先二个红灯后熄灭一个红灯	谁发的紧急停车,只能由同一人解锁,其他人不能解锁
	绿绿	×号领车		在调车员发送“推进”或“连结”或“溜放”且未发送车距信令前,连结员可申请领车

注意事项:

(1)调车员手持台开机后,必须先发“停车”指令,才能发送其他调车指令。

(2)连结员手持台发送“紧急停车”指令后,每隔 5 s 发一次提示音,直到解锁后停止。

(3)谁发的紧急停车,只能由同一连结员发送解锁指令,其他连结员不能解锁。

2 准备作业

本部分依据行业标准制定,本部分适用于铁路调车准备作业。

2.1 铁路调车准备作业程序图

铁路调车准备作业程序见图2.3。

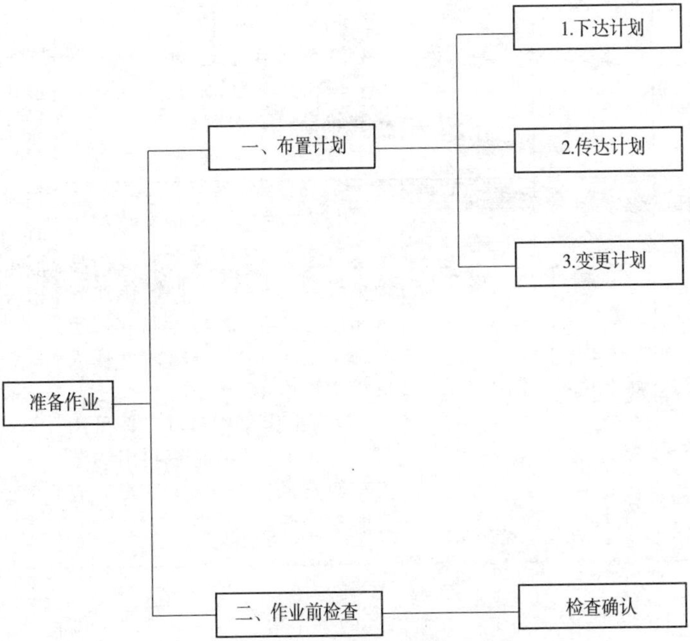

图2.3 铁路调车准备作业程序

2.2 铁路调车准备作业

铁路调车准备作业程序和岗位作业技术要求见表2.4。

表 2.4　铁路调车准备作业程序和岗位技术要求

作业程序			岗位作业		事项要求
程序	项目	内容	作业人员	技术要求	
一、布置计划	1. 下达计划	（1）计划编制	调车领导人	（a）应正确及时地编制、布置调车作业计划。布置调车作业计划，应使用调车作业通知单；中间站利用本务机车调车应使用有示意图的调车作业通知单（示意图可另附）； （b）调车作业通知单按公司《行车组织规则》附表 4、5 规定格式符号及要求填写	由于设备原因或作业条件限制，亲自交接计划确有困难时，交接办法由《站细》规定
		（2）计划下达	调车领导人 调车指挥人	（c）调车领导人与调车指挥人应亲自交接（连续作业时可由连结员接取）计划，并布置作业要求和注意事项；由列车调度员担当调车领导人时，可指派胜任人员代为转达； （d）一批作业不超过三钩可用口头方式布置（中间站利用本务机车调车的除外），有关人员应复诵	
	2. 传达计划	（1）传达计划	调车指挥人	（a）调车指挥人应亲自向司机交递调车作业通知单，传达作业方法及注意事项； （b）对较远的扳道组，可由调车领导人用电话和无线电台传达； （c）一批作业不超过三钩可用口头方式布置（中间站利用本务机车调车的除外），有关人员应复诵	—

表 2.4　铁路调车准备作业程序和岗位技术要求(续)

<table>
<tr><th colspan="3">作业程序</th><th colspan="2">岗位作业</th><th rowspan="2">事项要求</th></tr>
<tr><th>程序</th><th>项目</th><th>内容</th><th>作业人员</th><th>技术要求</th></tr>
<tr><td rowspan="6">一、布置计划</td><td rowspan="2">2. 传达计划</td><td rowspan="2">(2)作业分工</td><td>调车指挥人</td><td>(d)向调车组人员传达计划时(连续作业、向其他有关人员传达计划有困难时,可指派连结员进行),应明确分工,布置重点注意事项,并及时听取复诵</td><td rowspan="2">—</td></tr>
<tr><td>调车人员</td><td>(e)接受调车作业计划后,按分工做好准备</td></tr>
<tr><td rowspan="4">3. 变更计划</td><td rowspan="3">(1)变更限制</td><td>调车领导人
调车指挥人</td><td>(a)变更计划(指一张调车作业通知单)不超过三钩时,可以口头方式传达(中间站利用本务机车调车的除外),有关人员应复诵。仅变更作业方法或辆数时,不受口头传达三钩的限制,但调车指挥人应向有关人员传达清楚</td><td rowspan="4">—</td></tr>
<tr><td>调车指挥人</td><td>(b)变更股道时,应停车传达</td></tr>
<tr><td>调车指挥人</td><td>(c)作业中变更计划,影响编组顺序、股道停车顺序和车数时,要取得调车领导人的同意;变更正线、到发线的调车作业计划时,应事先取得车站值班员同意</td></tr>
<tr><td>(2)变更后报告</td><td>调车指挥人</td><td>(d)岔线、段管线、货物线内的调车作业计划与实际情况不符时,调车指挥人可自行修订计划,并传达清楚。作业完了及时向调车领导人汇报</td></tr>
</table>

表 2.4　铁路调车准备作业程序和岗位技术要求(续)

作业程序			岗位作业		事项要求
程序	项目	内容	作业人员	技术要求	
二、作业前检查	检查确认	(1)检查工具备品	调车人员	(a)检查无线调车灯显设备、手信号灯(旗)、安全带、号角、口笛、防溜器具、铁鞋器具、胶圈、简易紧急制动阀等	车站未规定使用的工具、备品除外
		(2)检查线路	连结员	(b)检查线路上有无障碍物,防护信号是否撤除,大门开启状态,调车组扳动的道岔是否良好及开通位置,线路两旁及站台上堆放货物距离是否符合规定。不符合规定要求时,不允许进行调车作业	—
		(3)检查车辆	连结员	(c)根据调车作业计划核对车辆、注意事项,检查停留车位置(开口车号)、连挂状态,有无压鞋、人力制动机是否松开,调整好钩位	

3　平面牵出线作业

本部分依据行业标准制定,本部分适用于铁路平面牵出线解体列车及摘挂整场技术作业。

3.1　平面牵出线作业程序图

平面牵出线作业程序见图2.4。

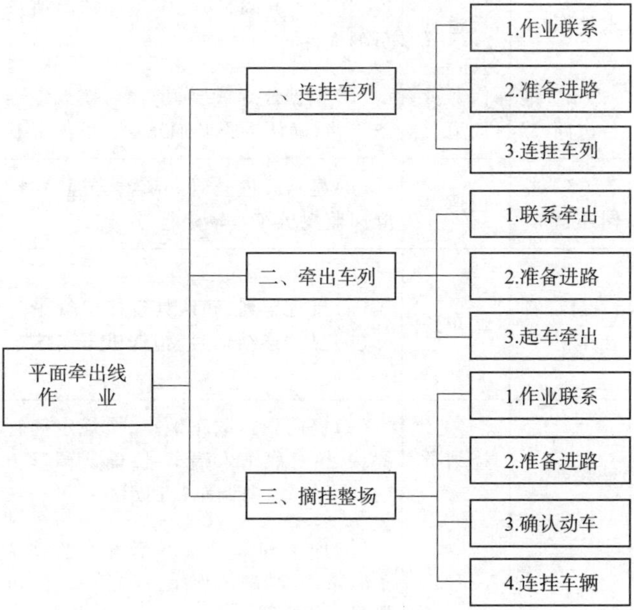

图2.4　铁路调车平面牵出线作业程序图

3.2　铁路调车平面牵出线作业

铁路调车平面牵出线作业程序和岗位作业技术要求见表2.5。

表 2.5　铁路调车平面牵出线作业程序和岗位作业技术要求

作业程序			岗位作业		事项要求
程序	项目	内容	作业人员	技术要求	
一、连挂车列	1. 作业联系	(1)布置联系	调车长	(a)根据计划要求,了解作业准备情况,通知司机开始作业	—
		(2)指挥动车	调车长	(b)显示起动信号,指挥司机动车,司机按信号显示运行	
	2. 准备进路	(1)请求挂车	信号员 扳道员	(a)根据计划,提出挂车请求,在正线、到发线上调车时,应经过车站值班员的准许	—
		(2)准备进路	信号员 扳道员	(b)根据计划或要道信号,按规定准备进路,确认进路开通正确	
		(3)立岗还道	扳道员	(c)显示股道号码和道岔开通信号,立岗监视机车车辆走行	
	3. 连挂车列	指挥挂车	调车长	(a)接近车列,确认具备挂车条件; (b)显示连结信号,指挥机车连挂	—
二、牵出车列	1. 联系牵出	(1)信号联系	连结员	(a)提前到达取车地点,按规定摘管提钩,核对取车末端车号,确认调车长的联络信号,向调车长回示	—
		(2)指挥动车	调车长	(b)向车列开口处或末端连结员显示联络信号,确认连结员回示后,向司机显示起动信号	
	2. 准备进路	(1)请求作业	信号员 扳道员	(a)与车站值班员联系,请求牵出	—
		(2)准备进路	信号员 扳道员	(b)根据计划或要道信号,按规定准备进路,确认进路开通正确	
		(3)立岗还道	扳道员	(c)显示股道号码和道岔开通信号,立岗监视机车车辆走行	

表 2.5　铁路调车平面牵出线作业程序和岗位作业技术要求(续)

作业程序			岗位作业		事项要求
程序	项目	内容	作业人员	技术要求	
二、牵出车列	3. 起车牵出	(1)确认牵出	连结员	(a)确认车列起动无误后,向调车长回示	—
			调车长	(b)确认开口处或末端连结员的回示,注意调车人员上车及安全等情况,向司机回示“好了”信号	
		(2)核对确认	连结员	(c)车列牵出,按计划查车数,核对提钩处制动软管摘开、无抱闸车及牵出车列最后一辆车号正确	
		(3)指挥停车	调车长	(d)根据作业计划,确认车列停车所需位置,指示司机停车	
三、摘挂整场	1. 作业联系	作业联系	调车长	(a)根据计划要求,通知有关人员做好摘挂车整场准备; (b)需越区作业时,同时按规定办理越区作业手续	—
	2. 准备进路	(1)准备进路	信号员 扳道员	(a)根据计划或要道信号,按规定准备进路,确认进路开通正确	—
		(2)立岗还道	扳道员	(b)显示股道号码和道岔开通信号,立岗监视机车车辆走行	
	3. 确认动车	确认动车	调车长	(a)推进运行时,确认扳道员股道号码和道岔开通信号,集中区确认调车信号,瞭望进路,指挥运行; (b)单机或牵引运行时,向司机显示起动信号,指示动车	—
	4. 连挂车辆	(1)检查线路	连结员	(a)检查线路、停留车辆,调整好钩位	—
		(2)推送车辆	调车长 连结员	(b)推送车辆应先试拉,车列前部应有人进行瞭望,及时显示信号。当调车长确认停留车位置困难时,应派人显示停留车位置信号。末端车辆距信号机(警冲标)不足 30 m 时,应采取安全措施	

表 2.5　铁路调车平面牵出线作业程序和岗位作业技术要求(续)

作业程序			岗位作业		事项要求
程序	项目	内容	作业人员	技术要求	
三、摘挂整场	4.连挂车辆	(2)推送车辆	调车长	(c)使用手信号作业时,应位于易于瞭望前方,又能使司机看见所显示信号的位置	—
			连结员	(d)使用手信号作业时,中转信号人员位置适当,正确及时一致地中转信号	
		(3)连挂车辆	调车长 连结员	(e)推进挂车时,车列前部应有人瞭望,正确及时显示十、五、三车距离信号; (f)连续连挂时,可不停车连挂,应确认连挂状态;末端车辆距信号机(警冲标)不足 30 m 时,应采取安全措施; (g)推送或牵出车辆前,按规定确认车列挂妥	

4 编组列车作业

本部分依据行业标准制定,本部分适用于铁路编组列车技术作业。

4.1 铁路调车编组列车作业程序图

铁路调车编组列车作业程序见图2.5。

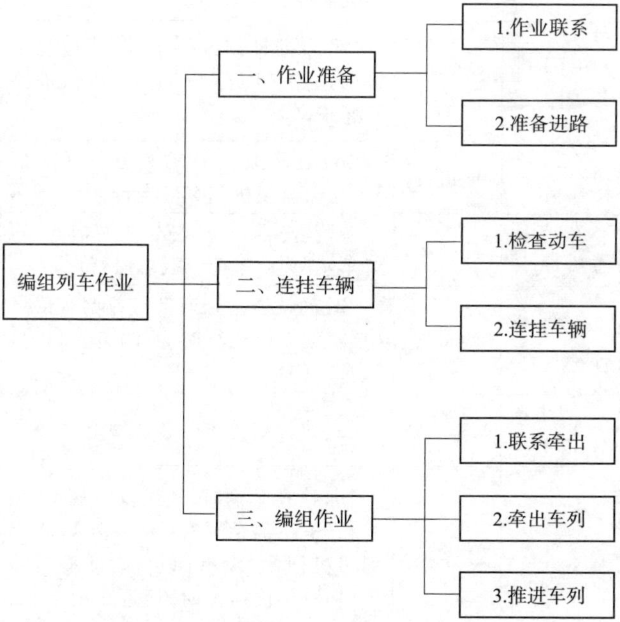

图2.5 铁路调车编组列车作业程序

4.2 铁路调车编组列车作业

铁路调车编组列车作业程序和岗位作业技术要求见表2.6。

表 2.6 铁路调车编组列车作业程序和岗位作业技术要求

作业程序			岗位作业		事项要求
程序	项目	内容	作业人员	技术要求	
一、作业准备	1. 作业联系	(1)联系编车	调车长	(a)根据计划要求,与有关人员联系编车	—
		(2)联系进路	扳道员 调车长	(b)在正线、到发线上调车时,应经过车站值班员的准许	
			调车长	(c)需越区作业时,同时按规定办理越区作业手续	
	2. 准备进路	(1)准备进路	扳道员 信号员	(a)根据计划或要道信号,按规定排列进路、开放调车信号,确认进路开通正确	—
		(2)立岗还道	扳道员	(b)显示股道号码和道岔开通信号,立岗监视机车车辆走行	
二、连挂车辆	1. 检查动车	(1)挂车检查	连结员	(a)挂车前检查线路、防溜措施、停留车辆、关门车等,调整好钩位	—
		(2)指挥动车	调车长	(b)确认道岔开通信号或调车信号(单机或牵引运行时除外),向司机显示起动信号	
	2. 连挂车辆	(1)选分车组	调车人员	(a)按计划要求分解及编组车组	—
		(2)信号显示	调车长 连结员	(b)连挂车辆时,正确及时显示十、五、三车距离信号(单机除外),并得到司机回示,没有回示,立即显示停车信号;单机挂车时,接近车列下车,向司机显示连结信号; (c)连续连挂时,可不停车连挂,应确认连挂状态;末端车辆距信号机(警冲标)不足 30 m 时,应采取安全措施;进入车档作业前,应有调车人员的停车信号防护;按规定做好对停留车辆防溜措施的设置及撤除; (d)确认挂妥后,推进运行前,向调车长显示试拉信号,全部起动后显示“好了”信号	

表 2.6 铁路调车编组列车作业程序和岗位作业技术要求(续)

作业程序			岗位作业		事项要求
程序	项目	内容	作业人员	技术要求	
三、编组作业	1. 联系牵出	(1)联系转线	扳道员 信号员 调车长	(a)按规定准备进路,确认进路开通正确。需越区作业时,同时按规定办理越区作业手续。需转场作业时,应征得他场值班员同意	—
		(2)信号联系	调车长	(b)确认连结员的起动信号,向司机显示起动信号,指挥机车牵出	
	2. 牵出车列	(1)监视走行	调车长	(a)牵出车列起动后,确认连结员"好了"信号,注意调车人员上车及安全等情况,向司机显示"好了"信号	—
			扳道员	(b)进路准备妥当后,立岗监视机车车辆走行	
		(2)指挥停车	调车长	(c)确认车列牵至所需位置,指示司机停车	
	3. 推进车列	(1)确认进路	连结员	(a)非集中区确认扳道员道岔开通信号;集中区确认调车信号开放,按作业要求显示信号	—
		(2)推进运行	调车长 连结员	(b)推进车列,车列前部应有人进行瞭望,及时显示信号。当调车长确认停留车位置有困难时,应派人显示停留车位置信号。末端车辆距信号机(警冲标)不足 30 m 时,应采取安全措施	
			调车长	(c)使用手信号作业时,应位于易于瞭望前方,又能使司机看见所显示信号的位置	
			连结员	(d)使用手信号作业时,中转信号人员位置适当,正确及时一致地中转信号	

表 2.6　铁路调车编组列车作业程序和岗位作业技术要求(续)

作业程序		岗位作业			事项要求
程序	项目	内容	作业人员	技术要求	
三、编组作业	3.推进车列	(2)推进运行	调车长 连结员	(e)连挂车辆时,正确及时显示十、五、三车距离信号,并得到司机回示,没有回示,立即显示停车信号; (f)编组车列,确认车列挂妥后应进行试拉。根据需要,将车列停放在适当地点或企业规定的位置,按规定采取防溜措施后摘钩	—
		(3)编成复检	连结员	(g)对编成车列复检车辆是否连挂妥当、关门车编挂位置及数量是否符合规定、防溜措施以外的人力制动机(人力制动机紧固器)或铁鞋是否撤除(由其他人员负责检查时除外); (h)车列编成后,向调车领导人报告	

5 列车摘挂作业

本部分依据行业标准制定,本部分适用于铁路列车摘挂技术作业。

5.1 铁路调车列车摘挂作业程序图

铁路调车列车摘挂作业程序见图2.6。

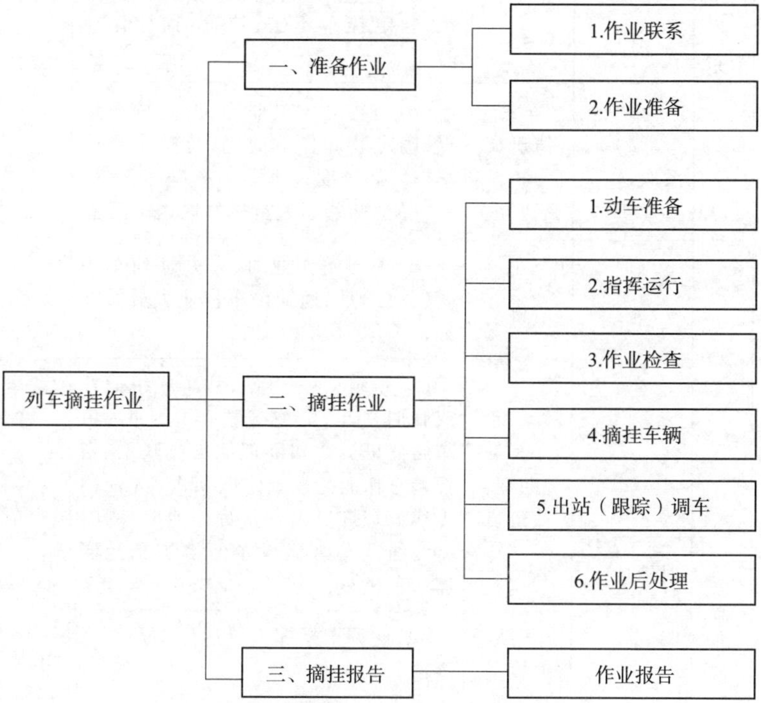

图2.6 铁路调车列车摘挂作业程序

5.2 铁路调车列车摘挂作业

铁路调车列车摘挂作业程序和岗位作业技术要求见表2.7。

表 2.7 铁路调车列车摘挂作业程序和岗位作业技术要求

作业程序			岗位作业		事项要求
程序	项目	内容	作业人员	技术要求	
一、准备作业	1.作业联系	(1)抄收确报	车站值班员（车站调度员）	(a)根据列车运行计划，与列车调度员联系，了解摘车的位置、车数、货物品名及收货人，空车了解车种、吨位； (b)将车站待挂车辆报告列车调度员，确定挂车车次、位置、预计作业时间	—
		(2)联系取送	车站值班员（车站调度员）	(c)与货运人员联系，商定摘车地点，确定装卸作业时间；待挂车辆应掌握装卸进度； (d)通知货运人员做好取送车准备	
	2.作业准备	(1)计划传达	车站值班员	(a)中间站作业时，在办理列车闭塞(预告)后，通知调车作业人员做好准备工作	未设调车长的车站，调车长的工作由车站值班员、助理值班员担当，遇有特殊情况，可由胜任人员代替
			车站（助理）值班员	(b)编组(区段)站，列车成组摘挂或临时甩车，需本务机车作业时，由车站值班员通知助理值班员联系、指挥调车作业并按规定联系进路(使用无线调车灯显设备指挥作业时，同时将无线调车灯显设备便携机车控制器送上机车)	
			车站调度员	(c)向调车指挥人传达计划及注意事项	
			调车长	(d)做好作业分工及安全预想，提前上岗； (e)亲自向司机递交调车作业通知单，传达作业注意事项和作业方法； (f)检查作业人员上岗情况	
		(2)检查车辆	调车人员	(g)按计划检查车辆	

表 2.7　铁路调车列车摘挂作业程序和岗位作业技术要求(续)

作业程序			岗位作业		事项要求
程序	项目	内容	作业人员	技术要求	
二、摘挂作业	1.动车准备	(1)准备进路	有关人员	(a)按规定准备进路,确认进路开通正确; (b)集中联锁的车站,监视信号显示	—
		(2)要道还道	调车人员	(c)认真执行要道还道制度	
	2.指挥运行	(1)指挥牵出	调车长	(a)指挥动车前,确认调车人员回示的起动信号;向司机显示起动信号,车列起动后,确认调车人员的"好了"信号,注意调车人员上车及安全等情况,向司机显示"好了"信号	—
		(2)指挥推进	调车长 连结员	(b)推送车辆应先试拉;车列前部应有人进行瞭望,及时显示信号;当调车长确认停留车位置困难时,应派人显示停留车位置信号;末端车辆距信号机(警冲标)不足 30 m 时,应采取安全措施; (c)使用手信号作业时,调车长应位于易于瞭望前方,又能使司机看见所显示信号的位置	
			连结员	(d)使用手信号作业时,中转信号人员位置适当,正确及时一致地中转信号	
		(3)返岔要求	调车人员	(e)当车辆越过电锁器联锁的联动道岔需返岔时,调车人员应向扳道员显示过岔的"好了"信号	
	3.作业检查	(1)检查线路	调车人员	(a)进入专用线道岔(集中联锁区除外)、大门、装卸地点前应一度停车,亲自或派人检查线路、道岔(集中联锁区除外)、大门、停留车等后,方准进入	已事先有人检查除外,有协议的按协议执行。 连结制动软管数量按照《行车组织规则》第 65 条执行
		(2)确认通风	调车人员	(b)按规定连结制动软管,确认通风良好;使用简易紧急制动阀时,还应确认简易紧急制动阀作用良好	

表 2.7　铁路调车列车摘挂作业程序和岗位作业技术要求(续)

<table>
<tr><th colspan="3">作业程序</th><th colspan="2">岗位作业</th><th rowspan="2">事项要求</th></tr>
<tr><th>程序</th><th>项目</th><th>内容</th><th>作业人员</th><th>技术要求</th></tr>
<tr><td rowspan="11">二、摘挂作业</td><td rowspan="3">4. 摘挂车辆</td><td>(1)摘车防溜</td><td>调车人员</td><td>(a)摘车时,应在车辆停妥后,按规定采取好防溜措施后再提钩</td><td rowspan="3">—</td></tr>
<tr><td>(2)挂车防溜</td><td>调车人员</td><td>(b)挂车时,挂妥后,再撤除防溜措施</td></tr>
<tr><td>(3)连挂车辆</td><td>调车人员</td><td>(c)连挂车辆时,正确及时显示十、五、三车距离信号(单机除外),并得到司机回示,没有回示,立即显示停车信号;
(d)连续连挂时,可不停车连挂,应确认连挂状态;末端车辆距信号机(警冲标)不足30 m时,应采取安全措施;
(e)摘挂列车挂妥后,应进行试拉</td></tr>
<tr><td rowspan="8">5. 出站(跟踪)调车</td><td>(1)请求出站</td><td>车站值班员</td><td>(a)按规定办理越出站界(跟踪出站)调车作业手续;
(b)通知邻站出站调车时间,填记行车日志;
(c)两端站揭挂表示牌</td><td rowspan="8">需填写出站(跟踪)调车通知书时,如调车机车距行车室较远,调车长可根据车站值班员的通知填写,并与车站值班员核对正确后交予司机</td></tr>
<tr><td rowspan="2">(2)填发通知书</td><td>车站值班员</td><td>(d)按规定填记出站(跟踪)调车通知书,核对无误后交给调车长,并通知有关人员</td></tr>
<tr><td>调车长</td><td>(e)核对无误后方准交给司机进行作业</td></tr>
<tr><td rowspan="2">(3)出站(跟踪)调车</td><td>车站值班员</td><td>(f)通知调车长出站(跟踪)调车的注意事项</td></tr>
<tr><td>调车长</td><td>(g)作业完了后,收回出站(跟踪)调车通知书并注销,向车站值班员进行汇报</td></tr>
<tr><td>(4)开通区间</td><td>车站值班员</td><td>(h)向列车调度员报告作业完了;
(i)出站调车完毕,按规定与邻站办理开通区间手续,开通区间;跟踪调车完毕,通知邻站作业完了时间,两站均在行车日志记事栏记入跟踪作业完了时间;
(j)摘下表示牌</td></tr>
</table>

表 2.7　铁路调车列车摘挂作业程序和岗位作业技术要求(续)

作业程序			岗位作业		事项要求
程序	项目	内容	作业人员	技术要求	
二、摘挂作业	6. 作业后处理	(1)道岔恢复定位	有关人员	(a)作业完了后,按规定将道岔恢复定位,并向车站值班员报告	—
		(2)调车结束报告	调车长	(b)使用本务机车调车作业时,取回机车上临时安置的无线调车灯显设备便携机车控制器; (c)将车辆停留及防溜措施等事项报告车站值班员	
三、摘挂报告	作业报告	向列车调度员报告	车站值班员	作业完毕后向列车调度员报告	—

6 取送车辆作业

本部分依据行业标准制定，本部分适用于铁路取送车辆技术作业。

6.1 铁路调车取送车辆作业程序图

铁路调车取送车辆作业程序见图 2.7。

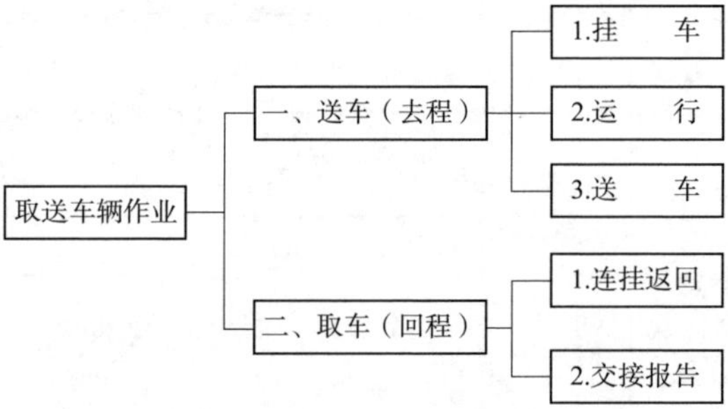

图 2.7 铁路调车取送车辆作业程序

6.2 铁路调车取送车辆作业

铁路调车取送车辆作业程序和岗位作业技术要求见表 2.8。

表 2.8 铁路调车取送车辆作业程序和岗位作业技术要求

作业程序			岗位作业		事项要求
程序	项目	内容	作业人员	技术要求	
一、送车(去程)	1. 挂车	（1）挑选车组	调车人员	（a）按作业计划要求，挑选车组	—
		（2）连挂车辆	调车长 连结员	（b）显示连结信号，指示挂车；挂妥后，撤除防溜措施；对遗留车辆应先采取防溜措施，再摘开车钩； （c）向调车长显示试拉信号，确认尾部最后一辆车起动后，向调车长显示“好了”信号	

表 2.8 铁路调车取送车辆作业程序和岗位作业技术要求(续)

作业程序			岗位作业		事项要求
程序	项目	内容	作业人员	技术要求	
一、送车(去程)	1.挂车	(3)接管通风	调车长 连结员	(d)按规定连结制动软管,确认通风良好;使用简易紧急制动阀时,还应确认简易紧急制动阀作用良好	连结制动软管数量按照《行车组织规则》第65条执行
	2.运行	(1)要道动车	连结员	(a)应按规定执行要道还道制度。推进运行时,车列前部瞭望人员得到扳道员道岔开通信号或确认调车信号开放正确后,向调车长显示起动信号(或通知调车长显示起动信号)	—
			调车长	(b)确认连结员显示起动信号后,向司机显示起动信号	
		(2)起车运行	连结员	(c)牵引运行时,确认车列起动无误,向调车长显示“好了”信号	
			调车长	(d)牵引运行时,确认连结员的“好了”信号,注意调车人员上车及安全等情况,向司机显示“好了”信号; (e)使用手信号作业时,应位于易于瞭望前方,又能使司机看见所显示信号的位置	
			连结员	(f)使用手信号作业时,中转信号人员位置适当,正确及时一致地中转信号	
			调车长 连结员	(g)车列运行中,进行瞭望,及时显示信号;推进运行经过无人看守道口前,应显示指示司机鸣笛的信号,适当控制速度; (h)走行线上由调车人员扳动的道岔,开通走行线并加锁时,可不停车检查,运行中应加强瞭望	

表 2.8　铁路调车取送车辆作业程序和岗位作业技术要求(续)

作业程序			岗位作业		事项要求
程序	项目	内容	作业人员	技术要求	
一、送车(去程)	3. 送车	(1)检查确认	调车长 连结员	(a)进入货物线、岔线、段管线前,应派人检查线路及停留车,确认道岔(由调车人员扳动的道岔)开通位置正确,装卸停止,防护信号及装卸机具已撤除	子分公司有协议的按协议执行
		(2)摘车防溜	调车长 连结员	(b)按调车计划及送车地点工作人员的要求,对好位置,按规定采取防溜措施	
二、取车(回程)	1. 连挂返回	(1)连挂	调车人员	(a)按"程序一项目1挂车和项目2运行"的岗位作业标准执行; (b)挂车前,应确认装卸停止、防护信号及装卸机具已撤除,车下无障碍	—
		(2)要道	调车人员	(c)由货物线、岔线、段管线返回时,应确认扳道人员的道岔开通信号或调车信号开放正确后,进入指定的股道	
	2. 交接报告	(1)交接	调车人员	(a)规定由调车人员交递货运票据时,应负责交清货运票据	—
		(2)报告	调车长 连结员	(b)每次作业完毕,应将停留车位置及防溜措施、计划变更的情况等,一并向调车领导人报告清楚	

7 停留车作业

本部分依据行业标准制定，本部分适用于铁路停留车作业。

7.1 铁路调车停留车作业程序图

铁路调车停留车作业程序见图2.8。

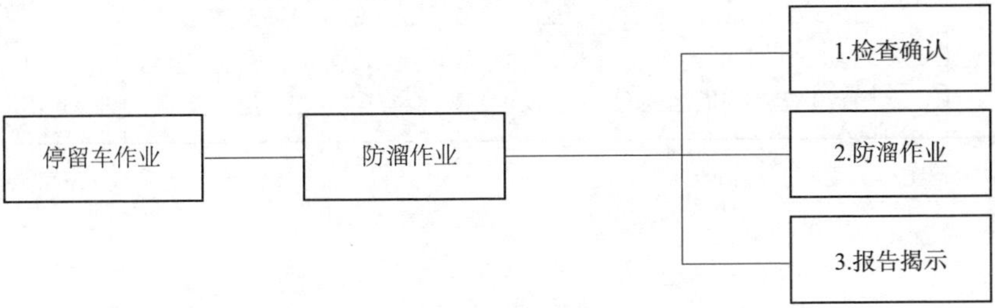

图2.8 铁路调车停留车作业程序

7.2 铁路调车停留车作业

铁路调车停留车作业程序和岗位作业技术要求见表2.9。

表2.9 铁路调车停留车作业程序和岗位作业技术要求

作业程序			岗位作业		事项要求
程序	项目	内容	作业人员	技术要求	
防溜作业	1.检查确认	交接班检查	有关人员	交接班时，对防溜措施和防溜器具实行对号交接；现场检查时机，按《站细》规定执行	—
	2.防溜作业	防溜措施设置与撤除	有关人员	调车作业中对停留车辆按规定设置、撤除防溜措施	—

表2.9　铁路调车停留车作业程序和岗位作业技术要求(续)

<table>
<tr><th colspan="3">作业程序</th><th colspan="2">岗位作业</th><th rowspan="2">事项要求</th></tr>
<tr><th>程序</th><th>项目</th><th>内容</th><th>作业人员</th><th>技术要求</th></tr>
<tr><td rowspan="3">防溜作业</td><td rowspan="3">3.报告揭示</td><td>(1)防溜报告</td><td>有关人员</td><td>(a)对停留车进行防溜后,及时报告</td><td rowspan="3">—</td></tr>
<tr><td>(2)揭示防溜</td><td>有关人员</td><td>(b)按规定揭示防溜措施时,用规定符号标明停留车的防溜措施</td></tr>
<tr><td>(3)监督检查</td><td>调车长
货运人员</td><td>(c)在装卸线内移动车辆时,由货运人员监督、检查</td></tr>
</table>

二、作业风险管理

1 调车准备作业工作任务风险管理表

调车准备作业工作任务风险管理见表2.10。

表2.10 调车准备作业工作任务风险管理

序号	工序	管理对象	风险类别	危险源	后果	风险等级	预控措施	控制标准
1	布置计划	作业人员	环境	恶劣天气作业	危及行车及调车、人身安全	中度	1.降低调车速度,连挂车辆前一度停车; 2.手信号调车显示距离不足时,改为夜间信号,利用口笛或无线调车灯显设备进行呼唤应答; 3.室外作业提前出场,并佩戴好防护用品,注意机车车辆动态及脚下障碍物	保证恶劣天气作业、人身安全
2		调车人员	行为	调车作业计划错误	耽误列车	低度	1.核对甩挂车号、位置、股道; 2.传达布置计划时,相关人员复诵核对无误	正确编制、传达、核对调车作业计划
3	作业前检查	调车人员	行为	使用状态不良的无线调车灯显设备	调车冲突	低度	无线调车灯显设备发生故障时及时更换或改用手信号作业	无线调车灯显设备状态良好

表 2.10　调车准备作业工作任务风险管理(续)

序号	工序	管理对象	风险类别	危险源	后果	风险等级	预控措施	控制标准
4	作业前检查	调车作业人员	行为	调车作业前未检查线路、车辆及防护信号	调车脱轨	中度	1. 调车作业前应派人检查； 2. 距离较远确有困难时,入线前停车检查	防止调车脱轨事故
5		车站值班员、助理值班员	行为	不按规定操作隔离开关	人身伤害	中度	1. 操作隔离开关前须在“隔离开关登记簿”登记、签认,到发线兼货物线操作隔离开关还应取得调度命令； 2. 确认绝缘工具状态良好,双人上岗,一人操作,一人监护； 3. 雷雨天气禁止操作隔离开关	确保作业、人身安全
6		调车人员	行为	调车作业未按规定数量接通软管	调车冲突	中度	1. 中间站调车作业应全部接通软管并确认调车列尾部贯通,方可进行作业； 2. 技术站按《站细》规定接通软管数量	防止调车列制动状态不良

2 平面牵出线作业工作任务风险管理表

平面牵出线作业工作任务风险管理见表2.11。

表2.11 平面牵出线作业工作任务风险管理

序号	工序	管理对象	风险类别	危险源	后果	风险等级	预控措施	控制标准
1	连挂车辆	调车人员	行为	推进作业前端无人领车	调车冲突	高度	1. 推进连挂车辆时,前端必须指派胜任人员领车; 2. 调车人员做好互控	防止调车冲突、相撞事故
2		车站值班员、助理值班员、调车人员	行为	脱轨器未下脱挂车或接车	耽误列车	高度	1. 助理值班员与列检值班员确认脱轨器状态,向车站值班员汇报; 2. 车站值班员确认下脱后,方准布置准备进路; 3. 调车作业时在脱轨器前一度停车现场检查脱轨器状态	脱轨器在挂车、接入列车前保持下脱状态
3		调车人员、助理值班员	行为	盲目进入钩档作业	人身伤害	中度	1. 禁止走行中摘接风管、调整钩位; 2. 调车员在进入钩档作业前与调车长汇报,得到批准后方可作业; 3. 进入钩档作业时必须设置防护信号,双足不得同时进入道心作业	确保进入钩档作业人身安全

表 2.11　平面牵出线作业工作任务风险管理(续)

序号	工序	管理对象	风险类别	危险源	后果	风险等级	预控措施	控制标准
4	连挂车辆	调车人员	行为	推进作业车辆未连挂妥当	调车冲突溜逸	中度	推进调车作业前,必须进行试拉,确认整列起动	确保推进调车作业车辆连挂妥当
5		调车人员	行为	一度停车制度未落实	调车冲突	中度	1. 在设有一度停车牌前、货场大门外一度停车检查; 2. 向尽头线、尽头站台取送车时,应距线路终端或停留车 30 m 处一度停车; 3. 调车人员相互确认	作业人员须熟知作业区域内一度停车地点,确保作业安全
6		调车人员	行为	推进连挂不显示距离信号或显示信号后未回示,没有采取停车措施	调车相撞	中度	1. 调车长与连结员互控; 2. 没有司机回示,调车长应立即采取停车措施	防止调车相撞事故
7	牵出列车	助理值班员、调车员	行为	关闭折角塞门发车	列车放飏	高度	1. 编组列车时或保留列车恢复运行前,对车辆折角塞门状态进行检查; 2. 遇无列尾列车发车前,助理值班员到列车尾部会同司机简略试验	确保折角塞门处于打开状态,整列贯通
8		调车人员	行为	推进作业前端无人领车	调车冲突	高度	1. 推进连挂车辆时,前端必须指派胜任人员领车; 2. 调车人员做好互控	防止调车冲突、相撞事故

表 2.11　平面牵出线作业工作任务风险管理（续）

序号	工序	管理对象	风险类别	危险源	后果	风险等级	预控措施	控制标准
9	牵出列车	调车人员、助理值班员	行为	盲目进入钩档作业	人身伤害	中度	1. 禁止走行中摘接风管、调整钩位； 2. 调车员在进入钩档作业前与调车长汇报，得到批准后方可作业； 3. 进入钩档作业时必须设置防护信号，双足不得同时进入道心作业	确保进入钩档作业人身安全
10		调车人员	行为	推进连挂不显示距离信号或显示信号后未回示，没有采取停车措施	调车相撞	中度	1. 调车长与连结员互控； 2. 没有司机回示，调车长应立即采取停车措施	防止调车相撞事故
11		车站值班员、信号员、调车人员	行为	调车列压信号原路返回	挤道岔	中度	1. 车站值班员（信号员）按规定将道岔加锁，并确认进路正确后通知调车长（司机）； 2. 调车长领车至下一架调车信号机按其显示运行	防止调车作业挤道岔
12		车站值班员、信号员、调车员	行为	抢钩作业	耽误列车	中度	1. 按照《站细》规定时机停止影响接发列车进路的调车作业； 2. 得到现场的汇报后，方可布置进路	保证行车、调车作业安全
13		调车人员	行为	调车作业未按规定数量接通软管	调车冲突	中度	1. 中间站调车作业应全部接通软管并确认调车列尾部贯通，方可进行作业； 2. 技术站按《站细》规定接通软管数量	防止调车列制动状态不良

表 2.11 平面牵出线作业工作任务风险管理(续)

序号	工序	管理对象	风险类别	危险源	后果	风险等级	预控措施	控制标准
14	摘挂整场	调车人员	行为	调车作业不停车上下	人身伤害	中度	1. 确认机车车辆停妥后上下车； 2. 严禁以车代步	保证调车人员在调车作业中上下车安全
15		调车人员	行为	一度停车制度未落实	调车冲突	中度	1. 在设有一度停车牌前、货场大门外一度停车检查； 2. 向尽头线、尽头站台取送车时，应距线路终端或停留车 30 m 处一度停车； 3. 调车人员相互确认	作业人员须熟知作业区域内一度停车地点，确保作业安全
16		车站值班员、助理值班员、调车人员	行为	脱轨器未下脱挂车或接车	耽误列车	高度	1. 助理值班员与列检值班员确认脱轨器状态，向车站值班员汇报； 2. 车站值班员确认下脱后，方准布置准备进路； 3. 调车作业时在脱轨器前一度停车现场检查脱轨器状态	脱轨器在挂车、接入列车前保持下脱状态
17		调车人员、助理值班员	行为	未按规定落实防溜措施	冲突	中度	1. 拧紧相应数量的人力制动机或放置规定数量的铁鞋； 2. 防溜器具符合“五号制”规定； 3. 对防溜情况按规定进行检查	防止车辆溜逸
18		调车人员、助理值班员	行为	盲目进入钩档作业	人身伤害	中度	1. 禁止走行中摘接风管、调整钩位； 2. 调车员在进入钩档作业前与调车长汇报，得到批准后方可作业； 3. 进入钩档作业时必须设置防护信号，双足不得同时进入道心作业	确保进入钩档作业人身安全

表 2.11　平面牵出线作业工作任务风险管理(续)

序号	工序	管理对象	风险类别	危险源	后果	风险等级	预控措施	控制标准
19	摘挂整场	调车人员	行为	推进连挂不显示距离信号或显示信号后未回示,没有采取停车措施	调车相撞	中度	1. 调车长与连结员互控; 2. 没有司机回示,调车长应立即采取停车措施	防止调车相撞事故
20		调车人员	行为	调车列压信号原路返回	挤道岔	中度	1. 车站值班员(信号员)按规定将道岔加锁,并确认进路正确后通知调车长(司机); 2. 调车长领车至下一架调车信号机按其显示运行	防止调车作业挤道岔
21		调车人员	行为	一度停车制度未落实	调车冲突	中度	1. 在设有一度停车牌前、货场大门外一度停车检查; 2. 向尽头线、尽头站台取送车时,应距线路终端或停留车 30 m 处一度停车; 3. 调车人员相互确认	作业人员须熟知作业区域内一度停车地点,确保作业安全
22		调车人员	行为	推进作业车辆未连挂妥当	调车冲突溜逸	中度	推进调车作业前,必须进行试拉,确认整列起动	确保推进调车作业车辆连挂妥当
23		调车作业人员	行为	未按规定使用简易紧急制动阀	调车相撞	中度	1. 按照《站细》规定使用简易紧急制动阀; 2. 推进前会同司机进行放风减压试验; 3. 危及行车或人身安全情况时,应立即显示停车信号,并使用紧急制动阀停车	确保调车作业中遇危及行车或人身安全情况能立即停车

3 编组作业工作任务风险管理表

编组作业工作任务风险管理见表2.12。

表2.12 编组作业工作任务风险管理

序号	工序	管理对象	风险类别	危险源	后果	风险等级	预控措施	控制标准
1	作业准备	调车人员	行为	使用状态不良的无线调车灯显设备	调车冲突	低度	无线调车灯显设备发生故障时及时更换或改用手信号作业	无线调车灯显设备状态良好
2		调车人员	行为	调车作业计划错误	耽误列车	低度	1. 核对甩挂车号、位置、股道； 2. 传达布置计划时，相关人员复诵核对无误	正确编制、传达、核对调车作业计划
3		调车人员	设备	取煤样台及翻后港方设备侵入限界	人身伤害	中度	1. 车站明确侵限设备的具体地点，作业人员熟记； 2. 严禁作业人员在侵限一侧领车	确保调车人员远离侵限物体
4		调车人员	行为	调车作业未按规定数量接通软管	调车冲突	中度	1. 中间站调车作业应全部接通软管并确认调车列尾部贯通，方可进行作业； 2. 技术站按《站细》规定接通软管数量	防止调车列制动状态不良

表 2.12 编组作业工作任务风险管理(续)

序号	工序	管理对象	风险类别	危险源	后果	风险等级	预控措施	控制标准
5	作业准备	调车人员、扳道员	行为	扳动手扳道岔未执行扳道“四程序”	挤道岔	中度	1. 在扳动道岔时,认真执行“一看、二扳、三确认、四显示”制度;对进路上不该扳动的道岔,也应认真进行确认; 2. 执行“双人确认”制度	道岔尖轨密贴、开通正确
6	作业准备	调车作业人员	行为	未按规定使用简易紧急制动阀	调车相撞	中度	1. 按照《站细》规定使用简易紧急制动阀; 2. 推进前会同司机进行放风减压试验; 3. 危及行车或人身安全情况时,应立即显示停车信号,并使用紧急制动阀停车	确保调车作业中遇危及行车或人身安全情况能立即停车
7	作业准备	调车作业人员	行为	调车作业前未检查线路、车辆及防护信号	调车脱轨	中度	1. 调车作业前应派人检查; 2. 距离较远确有困难时,入线前停车检查	防止调车脱轨事故
8	连挂车辆	调车人员、助理值班员	行为	未按规定落实防溜措施	冲突	中度	1. 拧紧相应数量的人力制动机或放置规定数量的铁鞋; 2. 防溜器具符合“五号制”规定; 3. 对防溜情况按规定进行检查	防止车辆溜逸

表 2.12　编组作业工作任务风险管理(续)

序号	工序	管理对象	风险类别	危险源	后果	风险等级	预控措施	控制标准
9	连挂车辆	车站值班员、助理值班员、调车人员	行为	脱轨器未下脱挂车或接车	耽误列车	高度	1. 助理值班员与列检值班员确认脱轨器状态,向车站值班员汇报; 2. 车站值班员确认下脱后,方准布置准备进路; 3. 调车作业时在脱轨器前一度停车现场检查脱轨器状态	脱轨器在挂车、接入列车前保持下脱状态
10		调车人员	行为	推进作业前端无人领车	调车冲突	高度	1. 推进连挂车辆时,前端必须指派胜任人员领车; 2. 调车人员做好互控	防止调车冲突、相撞事故
11		车站值班员、调车人员	行为	高坡地段停留车辆	车辆溜逸	高度	1. 作业人员须熟知站内超过 6‰ 坡道地段; 2. 车站值班员与调车人员做好互控	超过 6‰ 坡道地段禁止停留车辆
12		车站值班员、助理值班员、调车人员	行为	脱轨器未下脱挂车或接车	耽误列车	高度	1. 助理值班员与列检值班员确认脱轨器状态,向车站值班员汇报; 2. 车站值班员确认下脱后,方准布置准备进路; 3. 调车作业时在脱轨器前一度停车现场检查脱轨器状态	脱轨器在挂车、接入列车前保持下脱状态

表 2.12　编组作业工作任务风险管理（续）

序号	工序	管理对象	风险类别	危险源	后果	风险等级	预控措施	控制标准
13	连挂车辆	车站值班员、信号员、助理值班员、调车员	行为	电力机车带电进入无电区	人身伤害	高度	1. 无网区段在控制台标示；部分接触网停电，控制台标示“停电”，停电区域两端道岔扳向不能进入的位置并加锁； 2. 电力机车进入货物线、专用线作业前，现场检查隔离开关处于“闭合”位； 3. 调车作业通知单须注明“有电”“无电”字样	确保电力机车不带电进入无电区
14		调车人员、助理值班员	行为	盲目进入钩档作业	人身伤害	中度	1. 禁止走行中摘接风管、调整钩位； 2. 调车员在进入钩档作业前与调车长汇报，得到批准后方可作业； 3. 进入钩档作业时必须设置防护信号，双足不得同时进入道心作业	确保进入钩档作业人身安全
15		助理值班员、调车员	行为	使用人力制动机距离接触网安全距离不足	人员伤害	中度	1. 使用人力制动机时不准站在高于闸台的车梯或货物上； 2. 与接触网保持 2 m 以上安全距离	确保电气化区段作业人员人身安全
16		调车人员	行为	推进连挂不显示距离信号或显示信号后未回示，没有采取停车措施	调车相撞	中度	1. 调车长与连结员互控； 2. 没有司机回示，调车长应立即采取停车措施	防止调车相撞事故

表 2.12　编组作业工作任务风险管理(续)

序号	工序	管理对象	风险类别	危险源	后果	风险等级	预控措施	控制标准
17	连挂车辆	车站值班员、信号员、调车人员	行为	调车列压信号原路返回	挤道岔	中度	1. 车站值班员(信号员)按规定将道岔加锁,并确认进路正确后通知调车长(司机); 2. 调车长领车至下一架调车信号机按其显示运行	防止调车作业挤道岔
18		调车人员	行为	推进作业车辆未连挂妥当	调车冲突溜逸	中度	推进调车作业前,必须进行试拉,确认整列起动	确保推进调车作业车辆连挂妥当
19		车站值班员、调车员	行为	未按规定办理越出站界调车	调车冲突	中度	1. 站长(值班站长)上岗把关; 2. 双线区间正方向,必须区间(自动闭塞区间为第一个闭塞分区)空闲;单线自动闭塞区间,闭塞系统必须在发车位置,第一个闭塞分区空闲,经车站值班员口头准许并通知司机后,方可出站调车; 3. 单线半自闭需有停止基本闭塞法的调度命令,与邻站办理闭塞手续,并发给司机出站调车通知书	确保越出站界调车的作业安全

表 2.12　编组作业工作任务风险管理(续)

序号	工序	管理对象	风险类别	危险源	后果	风险等级	预控措施	控制标准
20	编组作业	车站值班员、调车员	行为	未按规定办理跟踪出站调车	调车冲突	中度	1. 站长(值班站长)上岗把关； 2. 只准许在单线区间及双线正方向线路上办理,并须经列车调度员口头准许,取得邻站值班员承认的电话记录号码,发给司机跟踪调车通知书,在先发列车尾部越过预告、接近信号机(或靠近车站的第一个预告标)或《站细》规定的间隔时间后,方可跟踪出站调车,但最远不得越出站界 500 m	确保跟踪出站调车的作业安全
21		调车人员	行为	一度停车制度未落实	调车冲突	中度	1. 在设有一度停车牌前、货场大门外一度停车检查； 2. 向尽头线、尽头站台取送车时,应距线路终端或停留车 30 m 处一度停车； 3. 调车人员相互确认	作业人员须熟知作业区域内一度停车地点,确保作业安全
22		车站调度员、调车员	行为	C_{70}、C_{80} 列车编组时"黄端"不一致	车辆损坏	低度	编组列车时,对 C_{70}、C_{80} 车辆"黄端"进行核对	列车符合编组要求
23		助理值班员、调车员	行为	关闭折角塞门发车	列车放飏	高度	1. 编组列车时或保留列车恢复运行前,对车辆折角塞门状态进行检查； 2. 遇无列尾列车发车前,助理值班员到列车尾部会同司机简略试验	确保折角塞门处于打开状态,整列贯通

表 2.12　编组作业工作任务风险管理(续)

序号	工序	管理对象	风险类别	危险源	后果	风险等级	预控措施	控制标准
24	编组作业	调车人员	行为	推进作业前端无人领车	调车冲突	高度	1. 推进连挂车辆时，前端必须指派胜任人员领车； 2. 调车人员做好互控	防止调车冲突、相撞事故
25		车站值班员、信号员、助理值班员、调车员	行为	电力机车带电进入无电区	人身伤害	高度	1. 无网区段在控制台标示；部分接触网停电，控制台标示“停电”，停电区域两端道岔扳向不能进入的位置并加锁； 2. 电力机车进入货物线、专用线作业前，现场检查隔离开关处于“闭合”位； 3. 调车作业通知单须注明“有电”“无电”字样	确保电力机车不带电进入无电区
26		调车人员、助理值班员	行为	盲目进入钩档作业	人身伤害	中度	1. 禁止走行中摘接风管、调整钩位； 2. 调车员在进入钩档作业前与调车长汇报，得到批准后方可作业； 3. 进入钩档作业时必须设置防护信号，双足不得同时进入道心作业	确保进入钩档作业人身安全
27		助理值班员、调车员	行为	使用人力制动机距离接触网安全距离不足	人员伤害	中度	1. 使用人力制动机时不准站在高于闸台的车梯或货物上； 2. 与接触网保持 2 m 以上安全距离	确保电气化区段作业人员人身安全

表 2.12　编组作业工作任务风险管理(续)

序号	工序	管理对象	风险类别	危险源	后果	风险等级	预控措施	控制标准
28	编组作业	调车人员	行为	推进连挂不显示距离信号或显示信号后未回示,没有采取停车措施	调车相撞	中度	1. 调车长与连结员互控; 2. 没有司机回示,调车长应立即采取停车措施	防止调车相撞事故
29		车站值班员、信号员、调车人员	行为	调车列压信号原路返回	挤道岔	中度	1. 车站值班员(信号员)按规定将道岔加锁,并确认进路正确后通知调车长(司机); 2. 调车长领车至下一架调车信号机按其显示运行	防止调车作业挤道岔
30		调车人员	行为	推进作业车辆未连挂妥当	调车冲突溜逸	中度	推进调车作业前,必须进行试拉,确认整列起动	确保推进调车作业车辆连挂妥当
31		车站值班员、信号员、调车员	行为	抢钩作业	耽误列车	中度	1. 按照《站细》规定时机停止影响接发列车进路的调车作业; 2. 得到现场的汇报后,方可布置进路	保证行车、调车作业安全

表 2.12　编组作业工作任务风险管理(续)

序号	工序	管理对象	风险类别	危险源	后果	风险等级	预控措施	控制标准
32	编组作业	调车人员	行为	调车作业未按规定数量接通软管	调车冲突	中度	1. 中间站调车作业应全部接通软管并确认调车列尾部贯通，方可进行作业； 2. 技术站按《站细》规定接通软管数量	防止调车列制动状态不良
33		调车人员	行为	一度停车制度未落实	调车冲突	中度	1. 在设有一度停车牌前、货场大门外一度停车检查； 2. 向尽头线、尽头站台取送车时，应距线路终端或停留车 30 m 处一度停车； 3. 调车人员相互确认	作业人员须熟知作业区域内一度停车地点，确保作业安全
34		调车人员	行为	调车作业计划错误	耽误列车	低度	1. 核对甩挂车号、位置、股道； 2. 传达布置计划时，相关人员复诵核对无误	正确编制、传达、核对调车作业计划
35		车站调度员、调车员	行为	C_{70}、C_{80} 列车编组时“黄端”不一致	车辆损坏	低度	编组列车时，对 C_{70}、C_{80} 车辆“黄端”进行核对	列车符合编组要求

4　列车摘挂作业工作任务风险管理表

列车摘挂作业工作任务风险管理见表2.13。

表2.13　列车摘挂作业工作任务风险管理

序号	工序	管理对象	风险类别	危险源	后果	风险等级	预控措施	控制标准
1	准备作业	调车人员	行为	使用状态不良的无线调车灯显设备	调车冲突	低度	无线调车灯显设备发生故障时及时更换或改用手信号作业	无线调车灯显设备状态良好
2		调车人员、扳道员	行为	扳动手扳道岔未执行扳道“四程序”	挤道岔	中度	1. 在扳动道岔时，认真执行“一看、二扳、三确认、四显示”制度；对进路上不该扳动的道岔，也应认真进行确认； 2. 执行“双人确认”制度	道岔尖轨密贴、开通正确
3		调车作业人员	行为	未按规定使用简易紧急制动阀	调车相撞	中度	1. 按照《站细》规定使用简易紧急制动阀； 2. 推进前会同司机进行放风减压试验； 3. 危及行车或人身安全情况时，应立即显示停车信号，并使用紧急制动阀停车	确保调车作业中遇危及行车或人身安全情况能立即停车
4		调车作业人员	行为	调车作业前未检查线路、车辆及防护信号	调车脱轨	中度	1. 调车作业前应派人检查； 2. 距离较远确有困难时，入线前停车检查	防止调车脱轨事故

表2.13 列车摘挂作业工作任务风险管理(续)

序号	工序	管理对象	风险类别	危险源	后果	风险等级	预控措施	控制标准
5	准备作业	调车人员	行为	调车作业计划错误	耽误列车	低度	1. 核对甩挂车号、位置、股道； 2. 传达布置计划时,相关人员复诵核对无误	正确编制、传达、核对调车作业计划
6	摘挂作业	调车人员	行为	推进作业前端无人领车	调车冲突	高度	1. 推进连挂车辆时,前端必须指派胜任人员领车； 2. 调车人员做好互控	防止调车冲突、相撞事故
7		车站值班员、助理值班员、调车人员	行为	脱轨器未下脱挂车或接车	耽误列车	高度	1. 助理值班员与列检值班员确认脱轨器状态,向车站值班员汇报； 2. 车站值班员确认下脱后,方准布置准备进路； 3. 调车作业时在脱轨器前一度停车现场检查脱轨器状态	脱轨器在挂车、接入列车前保持下脱状态
8		车站值班员、信号员、助理值班员、调车员	行为	电力机车带电进入无电区	人身伤害	高度	1. 无网区段在控制台标示;部分接触网停电,控制台标示“停电”,停电区域两端道岔扳向不能进入的位置并加锁； 2. 电力机车进入货物线、专用线作业前,现场检查隔离开关处于“闭合”位； 3. 调车作业通知单须注明“有电”“无电”字样	确保电力机车不带电进入无电区
9		调车员、助理值班员	行为	未按规定落实防溜措施	冲突	中度	1. 拧紧相应数量的人力制动机或放置规定数量的铁鞋； 2. 防溜器具符合“五号制”规定； 3. 对防溜情况按规定进行检查	防止车辆溜逸

表 2.13　列车摘挂作业工作任务风险管理(续)

序号	工序	管理对象	风险类别	危险源	后果	风险等级	预控措施	控制标准
10	摘挂作业	调车员、助理值班员	行为	盲目进入钩档作业	人身伤害	中度	1. 禁止走行中摘接风管、调整钩位； 2. 调车员在进入钩档作业前与调车长汇报,得到批准后方可作业； 3. 进入钩档作业时必须设置防护信号,双足不得同时进入道心作业	确保进入钩档作业人身安全
11		调车人员	行为	推进连挂不显示距离信号或显示信号后未回示,没有采取停车措施	调车相撞	中度	1. 调车长与连结员互控； 2. 没有司机回示,调车长应立即采取停车措施	防止调车相撞事故
12		车站值班员、信号员、调车人员	行为	调车列压信号原路返回	挤道岔	中度	1. 车站值班员(信号员)按规定将道岔加锁,并确认进路正确后通知调车长(司机)； 2. 调车长领车至下一架调车信号机按其显示运行	防止调车作业挤道岔
13		调车人员	行为	推进作业车辆未连挂妥当	调车冲突溜逸	中度	推进调车作业前,必须进行试拉,确认整列起动	确保推进调车作业车辆连挂妥当
14		车站值班员、信号员、调车员	行为	抢钩作业	耽误列车	中度	1. 按照《站细》规定时机停止影响接发列车进路的调车作业； 2. 得到现场的汇报后,方可布置进路	确保调车作业不影响接发列车运行

表 2.13　列车摘挂作业工作任务风险管理(续)

序号	工序	管理对象	风险类别	危险源	后果	风险等级	预控措施	控制标准
15	摘挂作业	车站值班员、调车员	行为	未按规定办理越出站界调车	调车冲突	中度	1. 站长(值班站长)上岗把关; 2. 双线区间正方向,必须区间(自动闭塞区间为第一个闭塞分区)空闲;单线自动闭塞区间,闭塞系统必须在发车位置,第一个闭塞分区空闲,经车站值班员口头准许并通知司机后,方可出站调车; 3. 单线半自闭需有停止基本闭塞法的调度命令,与邻站办理闭塞手续,并发给司机出站调车通知书	确保越出站界调车的作业安全
16		车站值班员、调车员	行为	未按规定办理跟踪出站调车	调车冲突	中度	1. 站长(值班站长)上岗把关; 2. 只准许在单线区间及双线正方向线路上办理,并须经列车调度员口头准许,取得邻站值班员承认的电话记录号码,发给司机跟踪调车通知书,在先发列车尾部越过预告、接近信号机(或靠近车站的第一个预告标)或《站细》规定的间隔时间后,方可跟踪出站调车,但最远不得越出站界 500 m	确保跟踪出站调车的作业安全

表 2.13 列车摘挂作业工作任务风险管理(续)

序号	工序	管理对象	风险类别	危险源	后果	风险等级	预控措施	控制标准
17	摘挂作业	调车人员	设备	取煤样台及翻后港方设备侵入限界	人身伤害	中度	1. 车站明确侵限设备的具体地点,作业人员熟记; 2. 严禁作业人员在侵限一侧领车	确保调车人员远离侵限物体
18		调车人员	行为	调车作业不停车上下	人身伤害	中度	1. 确认机车车辆停妥后上下车; 2. 严禁以车代步	保证调车人员在调车作业中上下车安全
19		调车人员	行为	一度停车制度未落实	调车冲突	中度	1. 在设有一度停车牌前、货场大门外一度停车检查; 2. 向尽头线、尽头站台取送车时,应距线路终端或停留车 30 m 处一度停车; 3. 调车人员相互确认	作业人员须熟知作业区域内一度停车地点,确保作业安全
20		调车人员	行为	调车作业计划错误	耽误列车	低度	1. 核对甩挂车号、位置、股道; 2. 传达布置计划时,相关人员复诵核对无误	正确编制、传达、核对调车作业计划
21		车站调度员、调车员	行为	C_{70}、C_{80} 列车编组时“黄端”不一致	车辆损坏	低度	编组列车时,对 C_{70}、C_{80} 车辆“黄端”进行核对	列车符合编组要求

5 取送车辆作业工作任务风险管理表

取送车辆作业工作任务风险管理见表2.14。

表2.14 取送车辆作业工作任务风险管理

序号	工序	管理对象	风险类别	危险源	后果	风险等级	预控措施	控制标准
1	送车（去程）	车站值班员、信号员	行为	分路不良区段未确认空闲排列进路	列车脱轨	高度	1. 排列进路前，通过现场人员确认分路不良区段无机车车辆； 2. 有关作业人员采取钩钩联系制度； 3. 未得到现场人员的报告前，严禁操纵道岔、排列进路	掌握分路不良区段状态，确认后方可排列进路
2		车站值班员、信号员、调车员	行为	抢钩作业	耽误列车	中度	1. 按照《站细》规定时机停止影响接发列车进路的调车作业； 2. 得到现场的汇报后，方可布置进路	保证行车、调车作业安全
3		车站值班员、信号员	行为	信号突变未及时发现	耽误列车	低度	信号开放后，车站值班员（信号员）不间断监视显示状态	保证设备发生异常及时发现，及时处理
4		车站值班员、信号员	行为	短进路调车	调车冲突	中度	1. 调车进路应一次排通，禁止长进路分段排列（技术站单机转线除外）； 2. 工种间做好联系互控	防止调车冲突事故

表 2.14　取送车辆作业工作任务风险管理(续)

序号	工序	管理对象	风险类别	危险源	后果	风险等级	预控措施	控制标准
5	送车(去程)	调车人员	行为	调车作业前未检查线路、车辆及防护信号	调车脱轨	中度	1. 调车作业前应派人检查; 2. 距离较远确有困难时,入线前停车检查	防止调车脱轨事故
6		助理值班员、调车人员	行为	使用人力制动机距离接触网安全距离不足	人员伤害	中度	1. 使用人力制动机时不准站在高于闸台的车梯或货物上; 2. 与接触网保持 2 m 以上安全距离	确保电气化区段作业人员人身安全
7		调车人员	行为	调车作业不停车上下	人身伤害	中度	1. 确认机车车辆停妥后上下车; 2. 严禁以车代步	保证调车人员在调车作业中上下车安全
8		调车人员	行为	推进作业车辆未连挂妥当	调车冲突溜逸	中度	推进调车作业前,必须进行试拉,确认整列起动	确保推进调车作业车辆连挂妥当
9		调车人员	行为	推进作业前端无人领车	调车冲突	高度	1. 推进连挂车辆时,前端必须指派胜任人员领车; 2. 调车人员做好互控	防止调车冲突、相撞事故
10		调车人员	行为	推进连挂不显示距离信号或显示信号后未回示,没有采取停车措施	调车相撞	中度	1. 调车长与连结员互控; 2. 没有司机回示,调车长应立即采取停车措施	防止调车相撞事故

表 2.14　取送车辆作业工作任务风险管理(续)

序号	工序	管理对象	风险类别	危险源	后果	风险等级	预控措施	控制标准
11	送车(去程)	调车员、助理值班员	行为	盲目进入钩档作业	人身伤害	中度	1. 禁止走行中摘接风管、调整钩位； 2. 调车员在进入钩档作业前与调车长汇报，得到批准后方可作业； 3. 进入钩档作业时必须设置防护信号，双足不得同时进入道心作业	确保进入钩档作业人身安全
12		调车人员	行为	推进连挂不显示距离信号或显示信号后未回示，没有采取停车措施	调车相撞	中度	1. 调车长与连结员互控； 2. 没有司机回示，调车长应立即采取停车措施	防止调车相撞事故
13		调车人员	行为	调车作业前未检查线路、车辆及防护信号	调车脱轨	中度	1. 调车作业前应派人检查； 2. 距离较远确有困难时，入线前停车检查	防止调车脱轨事故
14		调车人员	行为	调车作业未按规定数量接通软管	调车冲突	中度	1. 中间站调车作业应全部接通软管并确认调车列尾部贯通，方可进行作业； 2. 技术站按《站细》规定接通软管数量	防止调车列制动状态不良

表 2.14 取送车辆作业工作任务风险管理(续)

序号	工序	管理对象	风险类别	危险源	后果	风险等级	预控措施	控制标准
15	送车(去程)	车站值班员、调车员	行为	未按规定办理越出站界调车	调车冲突	中度	1. 站长(值班站长)上岗把关; 2. 双线区间正方向,必须区间(自动闭塞区间为第一个闭塞分区)空闲;单线自动闭塞区间,闭塞系统必须在发车位置,第一个闭塞分区空闲,经车站值班员口头准许并通知司机后,方可出站调车; 3. 单线半自闭需有停止基本闭塞法的调度命令,与邻站办理闭塞手续,并发给司机出站调车通知书	确保越出站界调车的作业安全
16		车站值班员、调车员	行为	未按规定办理跟踪出站调车	调车冲突	中度	1. 站长(值班站长)上岗把关; 2. 只准许在单线区间及双线正方向线路上办理,并须经列车调度员口头准许,取得邻站值班员承认的电话记录号码,发给司机跟踪调车通知书,在先发列车尾部越过预告、接近信号机(或靠近车站的第一个预告标)或《站细》规定的间隔时间后,方可跟踪出站调车,但最远不得越出站界 500 m	确保跟踪出站调车的作业安全
17		车站值班员、助理值班员	行为	不按规定操作隔离开关	人身伤害	中度	1. 操作隔离开关前须在“隔离开关登记簿”登记、签认,到发线兼货物线操作隔离开关还应取得调度命令; 2. 确认绝缘工具状态良好,双人上岗,一人操作,一人监护; 3. 雷雨天气禁止操作隔离开关	确保作业、人身安全

表 2.14　取送车辆作业工作任务风险管理(续)

序号	工序	管理对象	风险类别	危险源	后果	风险等级	预控措施	控制标准
18	送车(去程)	调车作业人员	行为	未按规定使用简易紧急制动阀	调车相撞	中度	1. 按照《站细》规定使用简易紧急制动阀; 2. 推进前会同司机进行放风减压试验; 3. 危及行车或人身安全情况时,应立即显示停车信号,并使用紧急制动阀停车	确保调车作业中遇危及行车或人身安全情况能立即停车
19		调车人员、助理值班员	行为	未按规定落实防溜措施	冲突	中度	1. 拧紧相应数量的人力制动机或放置规定数量的铁鞋; 2. 防溜器具符合“五号制”规定; 3. 对防溜情况按规定进行检查	防止车辆溜逸
20		调车人员、扳道员	行为	扳动手扳道岔未执行扳道“四程序”	挤道岔	中度	1. 在扳动道岔时,认真执行“一看、二扳、三确认、四显示”制度;对进路上不该扳动的道岔,也应认真进行确认; 2. 执行“双人确认”制度	道岔尖轨密贴、开通正确
21		调车人员	行为	使用状态不良的无线调车灯显设备	调车冲突	低度	无线调车灯显设备发生故障时及时更换或改用手信号作业	无线调车灯显设备状态良好
22		调车人员、助理值班员	行为	未按规定落实防溜措施	冲突	中度	1. 拧紧相应数量的人力制动机或放置规定数量的铁鞋; 2. 防溜器具符合“五号制”规定; 3. 对防溜情况按规定进行检查	防止车辆溜逸

表 2.14　取送车辆作业工作任务风险管理(续)

序号	工序	管理对象	风险类别	危险源	后果	风险等级	预控措施	控制标准
23	送车(去程)	车站值班员、助理值班员、调车人员	行为	脱轨器未下脱挂车或接车	耽误列车	高度	1. 助理值班员与列检值班员确认脱轨器状态,向车站值班员汇报; 2. 车站值班员确认下脱后,方准布置准备进路; 3. 调车作业时在脱轨器前一度停车现场检查脱轨器状态	脱轨器在挂车、接入列车前保持下脱状态
24	送车(去程)	车站调度员、调车人员	行为	C_{70}、C_{80} 列车编组时"黄端"不一致	车辆损坏	低度	编组列车时,对 C_{70}、C_{80} 车辆"黄端"进行核对	列车符合编组要求
25	取车(回程)	车站值班员、信号员	行为	分路不良区段未确认空闲排列进路	列车脱轨	高度	1. 排列进路前,通过现场人员确认分路不良区段无机车车辆; 2. 有关作业人员采取钩钩联系制度; 3. 未得到现场人员的报告前,严禁操纵道岔、排列进路	掌握分路不良区段状态,确认后方可排列进路
26	取车(回程)	车站值班员、信号员、调车员	行为	抢钩作业	耽误列车	中度	1. 按照《站细》规定时机停止影响接发列车进路的调车作业; 2. 得到现场的汇报后,方可布置进路	保证行车、调车作业安全
27	取车(回程)	车站值班员、信号员	行为	信号突变未及时发现	耽误列车	低度	信号开放后,车站值班员(信号员)不间断监视显示状态	保证设备发生异常及时发现,及时处理

表 2.14　取送车辆作业工作任务风险管理(续)

序号	工序	管理对象	风险类别	危险源	后果	风险等级	预控措施	控制标准
28	取车(回程)	车站值班员、信号员	行为	短进路调车	调车冲突	中度	1. 调车进路应一次排通,禁止长进路分段排列(技术站单机转线除外); 2. 工种间做好联系互控	防止调车冲突事故
29		车站值班员、信号员、调车人员	行为	调车列压信号原路返回	挤道岔	中度	1. 车站值班员(信号员)按规定将道岔加锁,并确认进路正确后通知调车长(司机); 2. 调车长领车至下一架调车信号机按其显示运行	防止调车作业挤道岔
30		调车人员	行为	调车作业前未检查线路、车辆及防护信号	调车脱轨	中度	1. 调车作业前应派人检查; 2. 距离较远确有困难时,入线前停车检查	防止调车脱轨事故
31		助理值班员、调车人员	行为	使用人力制动机距离接触网安全距离不足	人员伤害	中度	1. 使用人力制动机时不准站在高于闸台的车梯或货物上; 2. 与接触网保持 2 m 以上安全距离	确保电气化区段作业人员人身安全
32		调车人员	行为	调车作业不停车上下	人身伤害	中度	1. 确认机车车辆停妥后上下车; 2. 严禁以车代步	保证调车人员在调车作业中上下车安全

表 2.14　取送车辆作业工作任务风险管理(续)

序号	工序	管理对象	风险类别	危险源	后果	风险等级	预控措施	控制标准
33	取车(回程)	调车人员	行为	推进作业车辆未连挂妥当	调车冲突溜逸	中度	推进调车作业前,必须进行试拉,确认整列起动	确保推进调车作业车辆连挂妥当
34		调车人员	行为	推进作业前端无人领车	调车冲突	高度	1. 推进连挂车辆时,前端必须指派胜任人员领车; 2. 调车人员做好互控	防止调车冲突、相撞事故
35		调车人员、助理值班员	行为	盲目进入钩档作业	人身伤害	中度	1. 禁止走行中摘接风管、调整钩位; 2. 调车员在进入钩档作业前与调车长汇报,得到批准后方可作业; 3. 进入钩档作业时必须设置防护信号,双足不得同时进入道心作业	确保进入钩档作业人身安全
36		调车人员	行为	推进连挂不显示距离信号或显示信号后未回示,没有采取停车措施	调车相撞	中度	1. 调车长与连结员互控; 2. 没有司机回示,调车长应立即采取停车措施	防止调车相撞事故
37		调车人员	行为	调车作业前未检查线路、车辆及防护信号	调车脱轨	中度	1. 调车作业前应派人检查; 2. 距离较远确有困难时,入线前停车检查	防止调车脱轨事故

表 2.14 取送车辆作业工作任务风险管理(续)

序号	工序	管理对象	风险类别	危险源	后果	风险等级	预控措施	控制标准
38	取车(回程)	调车人员	行为	调车作业未按规定数量接通软管	调车冲突	中度	1. 中间站调车作业应全部接通软管并确认调车列尾部贯通,方可进行作业; 2. 技术站按《站细》规定接通软管数量	防止调车列制动状态不良
39		车站值班员、调车员	行为	未按规定办理越出站界调车	调车冲突	中度	1. 站长(值班站长)上岗把关; 2. 双线区间正方向,必须区间(自动闭塞区间为第一个闭塞分区)空闲;单线自动闭塞区间,闭塞系统必须在发车位置,第一个闭塞分区空闲,经车站值班员口头准许并通知司机后,方可出站调车; 3. 单线半自闭需有停止基本闭塞法的调度命令,与邻站办理闭塞手续,并发给司机出站调车通知书	确保越出站界调车的作业安全
40		车站值班员、调车员	行为	未按规定办理跟踪出站调车	调车冲突	中度	1. 站长(值班站长)上岗把关; 2. 只准许在单线区间及双线正方向线路上办理,并须经列车调度员口头准许,取得邻站值班员承认的电话记录号码,发给司机跟踪调车通知书,在先发列车尾部越过预告、接近信号机(或靠近车站的第一个预告标)或《站细》规定的间隔时间后,方可跟踪出站调车,但最远不得越出站界 500 m	确保跟踪出站调车的作业安全

表 2.14　取送车辆作业工作任务风险管理(续)

序号	工序	管理对象	风险类别	危险源	后果	风险等级	预控措施	控制标准
41	取车(回程)	车站值班员、助理值班员	行为	不按规定操作隔离开关	人身伤害	中度	1. 操作隔离开关前须在“隔离开关登记簿”登记、签认,到发线兼货物线操作隔离开关还应取得调度命令; 2. 确认绝缘工具状态良好,双人上岗,一人操作,一人监护; 3. 雷雨天气禁止操作隔离开关	确保作业、人身安全
42		调车作业人员	行为	未按规定使用简易紧急制动阀	调车相撞	中度	1. 按照《站细》规定使用简易紧急制动阀; 2. 推进前会同司机进行放风减压试验; 3. 危及行车或人身安全情况时,应立即显示停车信号,并使用紧急制动阀停车	确保调车作业中遇危及行车或人身安全情况能立即停车
43		调车人员、助理值班员	行为	未按规定落实防溜措施	冲突	中度	1. 拧紧相应数量的人力制动机或放置规定数量的铁鞋; 2. 防溜器具符合“五号制”规定; 3. 对防溜情况按规定进行检查	防止溜逸
44		调车人员、扳道员	行为	扳动手扳道岔未执行扳道“四程序”	挤道岔	中度	1. 在扳动道岔时,认真执行“一看、二扳、三确认、四显示”制度;对进路上不该扳动的道岔,也应认真进行确认; 2. 执行“双人确认”制度	道岔尖轨密贴、开通正确

表 2.14 取送车辆作业工作任务风险管理(续)

序号	工序	管理对象	风险类别	危险源	后果	风险等级	预控措施	控制标准
45	取车（回程）	调车人员	行为	使用状态不良的无线调车灯显设备	调车冲突	低度	无线调车灯显设备发生故障时及时更换或改用手信号作业	无线调车灯显设备状态良好
46		调车人员、助理值班员	行为	未按规定落实防溜措施	冲突	中度	1. 拧紧相应数量的人力制动机或放置规定数量的铁鞋； 2. 防溜器具符合“五号制”规定； 3. 对防溜情况按规定进行检查	防止车辆溜逸
47		车站值班员、助理值班员、调车人员	行为	脱轨器未下脱挂车或接车	耽误列车	高度	1. 助理值班员与列检值班员确认脱轨器状态,向车站值班员汇报； 2. 车站值班员确认下脱后,方准布置准备进路； 3. 调车作业时在脱轨器前一度停车现场检查脱轨器状态	脱轨器在挂车、接入列车前保持下脱状态
48		车站值班员、信号员	行为	信号突变未及时发现	耽误列车	低度	信号开放后,车站值班员（信号员）不间断监视显示状态	保证设备发生异常及时发现,及时处理

6 停留车作业工作任务风险管理表

停留车作业工作任务风险管理见表2.15。

表2.15 停留车作业工作任务风险管理

序号	工序	管理对象	风险类别	危险源	后果	风险等级	预控措施	控制标准
1	防溜措施	调车人员、助理值班员	行为	未按规定落实防溜措施	冲突	中度	1. 拧紧相应数量的人力制动机或放置规定数量的铁鞋； 2. 防溜器具符合“五号制”规定； 3. 对防溜情况按规定进行检查	防止车辆溜逸
2	高坡地段停车	车站值班员、调车人员	行为	高坡地段停留车辆	车辆溜逸	高度	1. 作业人员须熟知站内超过6‰坡道地段； 2. 车站值班员与调车人员做好互控	超过6‰坡道地段禁止停留车辆

车号员技术作业标准

（Q/SHTL-CW03—2021）

一、作业标准

1 交接班技术作业

1.1 主题内容与适用范围

本标准规定了交接班车号员技术作业程序和技术要求,适用于朔黄铁路各技术站和有装卸作业的中间站交接班车号员技术作业。

1.2 交接班车号员技术作业程序图

1.2.1 接班车号员作业程序图

接班车号员作业程序见图3.1。

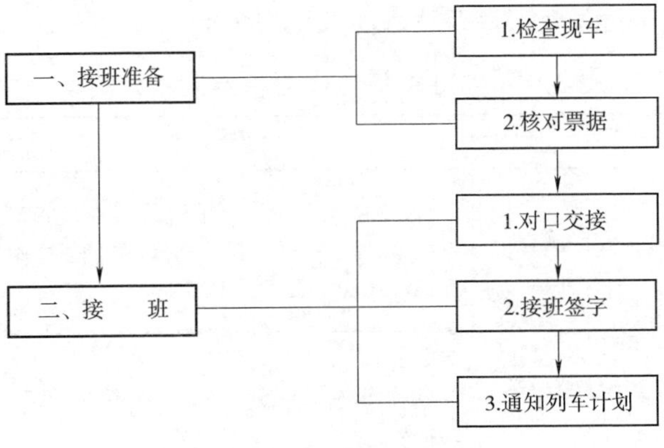

图3.1 接班车号员作业程序

1.2.2 交班车号员作业程序图

交班车号员作业程序见图3.2。

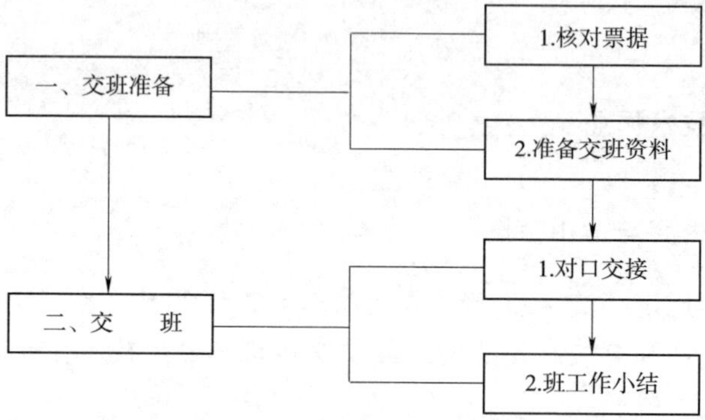

图 3.2　交班车号员作业程序

1.3　交接班车号员技术作业

1.3.1　接班车号员作业程序及技术要求

接班车号员作业程序及技术要求见表 3.1。

表 3.1　接班车号员作业程序及技术要求

程序	项　目	作业人员	技术要求	事项要求
一、接班准备	1. 检查现车	车号员	(1)按规定时间、分工包线清查股道车辆停留顺序、车种、车号等有关内容，不错不漏	—
	2. 核对票据	车号员	(2)重车按股道、车号顺序核对运输票据； (3)空车按股道、车号、顺序核对现车、运输票据； (4)发现差错报告车站调度员（车站值班员）	—

表 3.1　接班车号员作业程序及技术要求(续)

程序	项　目	作业人员	技术要求	事项要求
二、接班	1. 对口交接	车号员	(1)对规定由交班者编制出发列车编组顺序表、核对现车和整理好运输票据的编成车列,复检列车编组顺序表,核点运输票据; (2)对有票无车、有车无票和自站作业车逐车、逐票登记,交接清楚; (3)对规定由交班者抄收的到达列车确报,进行清点、核对车次; (4)与车站调度员(车站值班员)核对现车; (5)有关命令、电报、上级指示交接清楚	—
	2. 接班签字	车号员	(6)交接清楚后,在交接班簿上签字	—
	3. 通知列车计划	车号员	(7)接班后用电话或书面将本班列车到开计划通知确报所	—

1.3.2　交班车号员作业程序及技术要求

交班车号员作业程序及技术要求见表 3.2。

表 3.2　交班车号员作业程序及技术要求

程序	项　目	作业人员	技术要求	事项要求
一、交班准备	1. 核对票据	车号员	(1)重车按股道、车号顺序清点运输票据; (2)空车按股道、车号核对现车、运输票据; (3)与车站调度员(车站值班员)及有关人员核对存车	—
	2. 准备交班资料	车号员	(4)对编成车列,按规定编出发列车编组顺序表,核对现车和整理好运输票据; (5)填记站存车交班资料及待处理问题; (6)对规定抄收的到达列车确报抄收完毕; (7)登记有关电报、命令、上级指示; (8)填记交接班簿	—

表3.2　交班车号员作业程序及技术要求(续)

程序	项　目	作业人员	技术要求	事项要求
二、交班	1. 对口交接	车号员	(1)与接班者进行对口交接,做到:股道存车、运输票据、列车计划、列车确报资料、关键事项、有关电报、命令、指示交清	—
	2. 班工作小结	车号员	(2)参加班组工作总结会	—
			(3)向班领导人汇报本班工作情况	

2　到达列车技术作业

2.1　主题内容与适用范围

本标准规定了到达列车车号员技术作业程序和技术要求,适用于朔黄铁路各技术站和有装卸作业的中间站到达列车车号员技术作业。

2.2　到达列车车号员作业程序图

到达列车车号员作业程序见图 3.3。

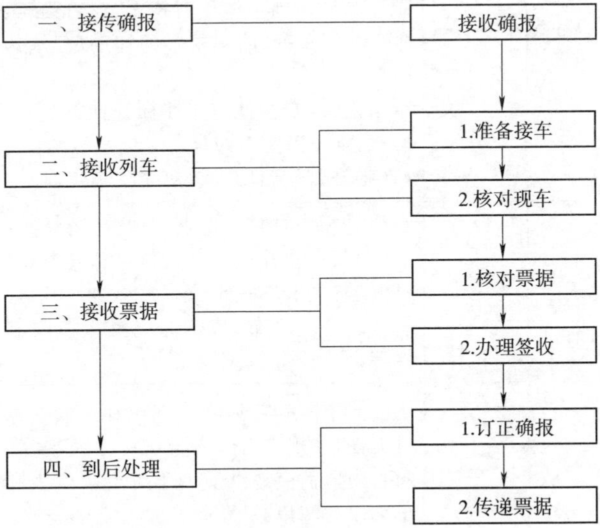

图 3.3　到达列车车号员作业程序

2.3　到达列车车号员作业程序及技术要求

到达列车车号员作业程序及技术要求见表 3.3。

表3.3 到达列车车号员作业程序及技术要求

程序	项目	作业人员	技术要求	事项要求
一、接传确报	接收确报	车号员	根据国家能源铁路调度系统核对列车信息	—
二、接收列车	1. 准备接车	车号员	(1)依据阶段计划,掌握列车到达时间和股道; (2)根据作业需要,按作业分工和规定时间,立岗接车	—
	2. 核对现车	车号员	(3)依据列车确报(列车编组顺序表),通过车号识别系统核对现车,核对内容:顺序、吨位、车种、确定重长的辅助记号、罐车油种、车种、关门车、篷布、特殊标记、非运用车别,以及按规定车体标记计算的自重、换长,发现不符立即订正; (4)在规定时间内核对完现车	—
三、接收票据	1. 核对票据	车号员	(1)按规定时间、地点,接收运输票据; (2)按列车编组顺序表核对运输票据,核对内容:吨位、车种、车号、载重、到站、品名、收货人、篷布、特殊标记及运输限制条件等,发现不符立即订正	—
	2. 办理签收	车号员	(3)列车编组顺序表、现车和运输票据核对无误,在规定时间内与司机办理签收(公司管内取消交递纸质列车编组顺序表和列车编组通知单); (4)发现问题按有关规定处理	—
四、到后处理	1. 订正确报	车号员	(1)列车编组顺序表的订正内容及时报告车站调度员(车站值班员); (2)到达场设有终端(微机)时,将订正后的现车资料及时送交操作人员	—
	2. 传递票据	车号员	(3)按规定将运输票据及时完整递交或传递到有关处所; (4)按规定办理交接签收	—

3　出发列车技术作业

3.1　主题内容与适用范围

本标准规定了出发列车车号员技术作业程序和技术要求，适用于朔黄铁路各技术站和有装卸车作业的中间站出发列车车号员技术作业。

3.2　出发列车车号员作业程序图

出发列车车号员作业程序见图3.4。

图3.4　出发列车车号员作业程序

3.3　出发列车车号员作业程序及技术要求

出发列车车号员作业程序及技术要求见表3.4。

表3.4 出发列车车号员作业程序及技术要求

程序	项目	作业人员	技术要求	事项要求
一、票据管理	1. 分放票据	车号员	(1)按到达列车编组顺序表清点核对运输票据； (2)根据调车作业计划及时按股道、顺序分放运输票据	—
	2. 管理现车	车号员	(3)及时整理现在车有关资料，做到运输票据与现车一致	—
二、列车编组顺序表的编制及交接	1. 制表准备	车号员	(1)按车站调度员(车站值班员)要求，预算出发列车总重、计长； (2)根据调车作业计划排好票据顺序； (3)检查确认列车编组是否符合规定，发现问题及时报告车站调度员(车站值班员)	—
	2. 制表及复检	车号员	(4)根据票据顺序和有关规定的要求，编制出发列车编组顺序表，做到填记齐全、字迹清晰、计算正确，与现车票据一致； (5)在规定时间内完成列车编组顺序表的编制、复检	—
	3. 办理交接	车号员	(6)在规定地点、时间内，与出发列车司机进行列车编组顺序表和运输票据交接(管内运行列车及时将列车编组辆数、总重、计长等告知司机)	—
三、检查现车	1. 核对现车	车号员	(1)无解编作业的列车，根据车号识别系统核对出发列车编组顺序表(解编列车现场核对现车)，核对内容：顺序、车种、车号、罐车油种、篷布、关门车、特殊标记，做到列车编组顺序表与现车相符； (2)在规定时间内核对完毕	—
	2. 问题处理	车号员	(3)核对现车时，发现问题及时汇报，通知有关人员处理	—
四、传递确报	1. 报告简报	车号员	(1)按规定时间，向车站值班员报告列车编组辆数、总重、计长	—
	2. 发出确报	车号员	(2)按规定时间，将核对后出发列车编组顺序表上传国家能源铁路调度系统； (3)按规定时间和内容进行确报	—

4　直通列车技术作业

4.1　主题内容与适用范围

本标准规定了直通列车车号员技术作业程序和技术要求,适用于朔黄铁路各技术站和有装卸车作业的中间站。

4.2　直通列车车号员作业程序图

直通列车车号员作业程序见图3.5。

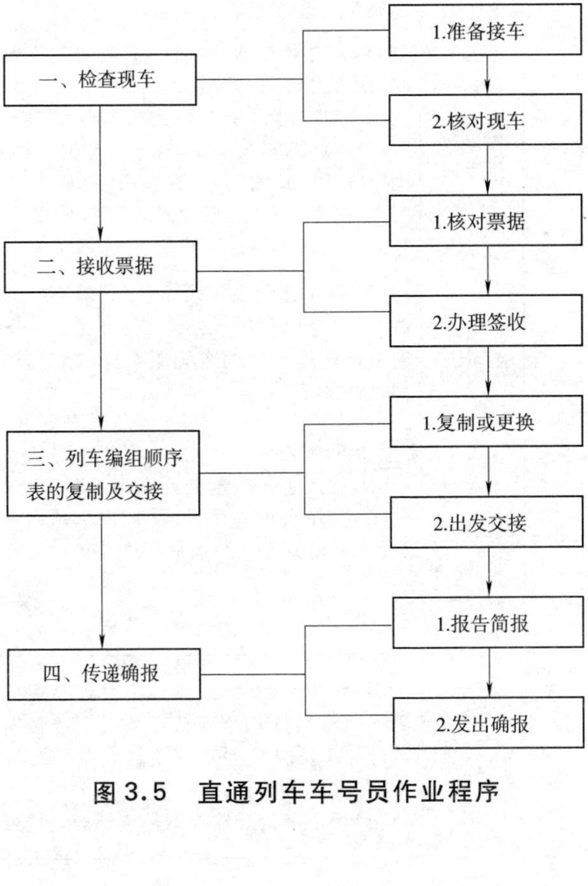

图3.5　直通列车车号员作业程序

4.3 直通列车车号员作业程序及技术要求

直通列车车号员作业程序及技术要求见表3.5。

表3.5 直通列车车号员作业程序及技术要求

程序	项目	作业人员	技术要求	事项要求
一、检查现车	1. 准备接车	车号员	(1)通过预确报系统核对列车信息； (2)根据阶段计划，掌握列车到达时间和股道； (3)按作业分工和规定时间，立岗接车	—
	2. 核对现车	车号员	(4)通过车号识别系统核对列车、车次、车种、车号、辆数、顺序、篷布，做到列车确报与现车相符	—
二、接收票据	1. 核对票据	车号员（车号长）	(1)对站停超过1 h的列车，按规定时间、地点办理票据交接； (2)按车号识别系统列车编组信息核对运输票据，核对内容：顺序、吨位车种、确定重长的辅助记号、罐车油种、车号、关门车、篷布、特殊标记、非运用车别，以及按规定以车体标记计算的自重、换长等	站停1 h及以内的列车不执行本标准程序技术要求(1)、(2)
	2. 办理签收	车号员	(3)列车编组顺序表、现车运输票据核对无误，与列车司机办理签收。(公司管内取消交递纸质列车编组顺序表和列车编组通知单)	
三、列车编组顺序表的复制及交接	1. 复制或更换	车号员	(1)按规定份数复制列车编组顺序表； (2)列车有甩挂作业时，根据车站调度员(车站值班员)的通知，更换列车编组顺序表	站停1 h及以内的无甩挂作业列车不执行本程序技术要求(3)、(4)
	2. 出发交接	车号员	(3)在规定时间、地点与出发列车司机交接运输票据和列车编组顺序表(管内运行列车及时将列车编组辆数、总重、计长等告知司机)； (4)将甩车的运输票据传递到规定地点	

表3.5 直通列车车号员作业程序及技术要求(续)

程序	项　目	作业人员	技术要求	事项要求
四、传递确报	1. 报告简报	车号员	(1)将列车甩挂内容报告车站调度员(车站值班员); (2)按规定时间向车站值班员报告列车编组辆数、总重、计长	—
	2. 发出确报	车号员	(3)按规定时间将核对后出发列车编组顺序表上传确报系统; (4)按规定时间和内容进行确报	—

二、作业风险管理

1 到达列车技术作业工作任务风险管理表

到达列车技术作业工作任务风险管理见表3.6。

表3.6 到达列车技术作业工作任务风险管理

序号	工序	管理对象	风险类别	危险源	后果	风险等级	预控措施	控制标准
1	接发列车	作业人员	行为	漏通知有关人员接发列车	耽误列车	低度	(1)车站值班员按规定通知有关人员接发车,并听取复诵; (2)各工种间做好互控	接发列车时有关人员随时注意车辆运行和货物装载状态

2 出发列车技术作业工作任务风险管理表

出发列车技术作业工作任务风险管理见表3.7。

表 3.7　出发列车技术作业工作任务风险管理

序号	工序	管理对象	风险类别	危险源	后果	风险等级	预控措施	控制标准
1	列车编组顺序表的编制及交接	作业人员	行为	漏通知有关人员接发列车	耽误列车	低度	(1)车站值班员按规定通知有关人员接发车,并听取复诵; (2)各工种间做好互控	接发列车时有关人员随时注意车辆运行和货物装载状态

3　直通列车技术作业工作任务风险管理表

直通列车技术作业工作任务风险管理见表 3.8。

表 3.8　直通列车技术作业工作任务风险管理

序号	工序	管理对象	风险类别	危险源	后果	风险等级	预控措施	控制标准
1	检查现车	作业人员	行为	漏通知有关人员接发列车	耽误列车	低度	(1)车站值班员按规定通知有关人员接发车,并听取复诵; (2)各工种间做好互控	接发列车时有关人员随时注意车辆运行和货物装载状态
2	列车编组顺序表的编制及交接	作业人员	行为	漏通知有关人员接发列车	耽误列车	低度	(1)车站值班员按规定通知有关人员接发车,并听取复诵; (2)各工种间做好互控	接发列车时有关人员随时注意车辆运行和货物装载状态

货运员技术作业标准

（Q/SHTL-CW04—2021）

一、作业标准

1 装车技术作业

1.1 主题内容与适用范围

本标准规定了货运员装车技术作业程序和技术要求，适用于朔黄铁路各装卸车站货运员装车技术作业。

1.2 装车作业程序图

装车作业程序见图4.1。

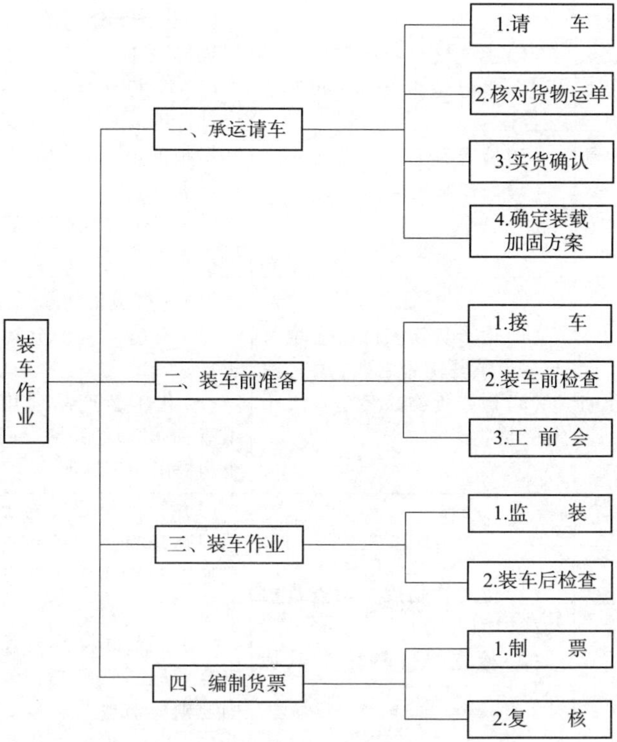

图4.1 装车作业程序

1.3 装车作业程序及技术要求

装车作业程序及技术要求见表4.1。

表4.1 装车作业程序及技术要求

程序	项目	作业人员	作业内容	技术要求	事项要求
一、承运请车	1.请车	货运内勤	(1)检查请车单填写的内容是否符合月度运输计划,有无漏填和误填; (2)检查请车单记载的货物品名、到站、车种和实际货物; (3)上报请车,接收批准的计划并通知相关单位	(1)请车单填写齐全、正确; (2)实际货物品名与请车单相符	—
	2.核对货物运单	货运内勤	(1)逐项核对托运人提供的运单,填记是否齐全;更改处是否盖章; (2)检查有无托运人签章; (3)完成货物运单承运人填写部分	(1)检查货物运单标明"是否绕行"; (2)货主(货代)有终端系统自行提报的,货运员只需对其提报的电子货物运单信息进行审核即可; (3)对托运人提出的运单检查无误	—
	3.实货确认	货运外勤	(1)检查货物实际品名填写与运单填写是否一致; (2)检查货物品名是否属于危险货物	(1)无匿报货物品名现象; (2)不违反运价分类表的规定; (3)化工新产品理化性质不清者,必须经铁路专门检验机构提出规定证明	—
	4.确定装载加固方案	货运外勤	(1)按照货物规格检查货物装载加固方案; (2)检查配属车型、装载加固材料	(1)符合《铁路货物装载加固规则》和行业《铁路货物装载加固定型方案》规定的方案号; (2)加固材料及装置必须齐全,符合《铁路货物装载加固规则》规定; (3)按照批复的装载加固方案和配属车型组织装车	—

表 4.1 装车作业程序及技术要求(续)

程序	项目	作业人员	作业内容	技术要求	事项要求
二、装车前准备	1. 接车	货运外勤	(1)接收车站送车通知; (2)检查线路及货物安全距离,有装卸作业时,通知停止作业; (3)上岗接车,联系调车组对好货位; (4)核对车种、车号、车数	(1)车种适合货种,核对车号、车数无错漏; (2)货物安全距离符合规定; (3)送车位置便于装车	—
	2. 装车前检查	货运外勤	(1)车辆对位停妥后,做好防护措施; (2)检查货车是否符合使用条件,车辆的车体、车门、车窗、盖、阀状态是否良好;车内是否干净、货车定检是否过期,有无扣修通知、色票等; (3)检查待装货物是否与货物运单记载的品名、件数相符,检查标志、标签和货物状态是否符合要求,集装箱检查箱体、箱号和封印; (4)检查加固材料、装备物品是否符合要求; (5)苫盖篷布时,检查篷布、篷布绳网质量是否良好;	(1)待车辆送至装车位置停妥采取防溜措施后,与调车组人员办理签认手续。在来车方向的左侧钢轨上安设好防护牌或在车体左侧挂好防护灯等防护措施。 (2)车体、车门、车窗、盖、阀良好,符合车辆使用要求。车体不干净组织人员清扫干净。货车定检过期、有扣修通知、色票等,汇报车站处理。车体、车门、车窗、盖、阀状态不良不能装车使用的车辆,汇报车站处理。 (3)检查作业机具、吊具、索具、工具及防护用品状态良好。	—

表 4.1　装车作业程序及技术要求(续)

程序	项目	作业人员	作业内容	技术要求	事项要求
二、装车前准备	2. 装车前检查	货运外勤	(6)检查散装货物装车测密度画线是否符合要求; (7)检查装卸作业防护牌(灯)是否安装及安装是否符合规定; (8)隔离开关操作现场确认(电气化区段作业)	(4)货物无异状,票货相符。集装箱箱号和封印与运单记载相符,箱体良好。 (5)加固材料、装备物品数量、规格符合规定。 (6)篷布、篷布绳网质量良好,篷布腰边绳齐全。 (7)货物为散堆装货物时,使用容积不小于0.5 m^3的容器对散装货物进行密度测算,标注货物装载高度线6条(两侧墙各两条,两端墙各一条,每条画线长度不得小于300 mm),画线需保持水平。对车门搭扣、门销损坏或变形的车门,使用10号镀锌铁线十字或双股捆绑拧固3周以上,余尾长度小于50 mm;使用编织袋、泡沫胶等封堵时,先车内、后车外,确保封堵严密。 (8)按规定安放装卸作业防护牌(灯)。 (9)隔离开关断电前禁止上车作业,货场值班人员会同装卸单位人员对隔离开关断电进行现场确认后并签认	—
	3. 工前会	货运外勤	(1)向装卸队传达货物的货位、数量、装载方案及时间要求; (2)介绍重点货物,提出安全措施	(1)装载加固符合要求,码放高度符合规定; (2)防滑材料质量、数量符合规定; (3)工前会结束,参会人员在"货场工前会记录簿"内签字	—

表 4.1 装车作业程序及技术要求(续)

程序	项目	作业人员	作业内容	技术要求	事项要求
三、装车作业	1. 监装	货运外勤	(1)向内勤货运员汇报货车送到时间和开始装车时间; (2)边装车、边检查,多车同时作业时,巡回监装; (3)按规定捆绑加固或施封; (4)按规定清理车钩、车帮等处撒落的货物; (5)检查散装矿物粉料抑尘剂、防冻液(冬季)喷洒情况; (6)掌握作业进度,向车站汇报预计装完时间和实际装完时间	(1)充分利用货车载重能力,不偏载、偏重、超载、集重、超限; (2)不错装、漏装,无损坏,票货相符; (3)平车作业时,人员与装载机须保持 3 节车以上的安全距离; (4)吊装作业时,现场人员不得站在起吊机械及起吊货物下方,人员与机具保持足够的安全距离; (5)认真检查车辆状态,对车体损坏严重有可能影响行车安全的车辆进行拍照,并在“车辆状态检查记录簿”内登记并通知车站; (6)捆绑加固施封良好,车钩、车帮等处无洒落货物; (7)抑尘剂喷洒均匀,喷洒后表层形成的渗透厚度不得小于 10 mm; (8)防冻液按车型、温度、货物含水量的要求喷洒; (9)汇报情况及时准确	—

表 4.1 装车作业程序及技术要求(续)

程序	项目	作业人员	作业内容	技术要求	事项要求
三、装车作业	2. 装车后检查	货运外勤	(1)检查车辆装载有无超重、偏重、偏载、超限等现象;散装矿物粉料装车是否在画线以下,表面是否平整;装载是否稳固,捆绑是否牢固,施封是否符合要求,表示牌是否正确;检查篷布苫盖捆绑情况;超限、超长、集重货物是否按装载加固方案进行装车,对超限货物还应该按装载方案测量装车后的尺寸。 (2)检查车辆门、窗、盖、阀关闭状态和施封情况,按规定拍照留存。 (3)填记货物运单有关栏目和事项。 (4)对重点车辆要进行重点检查。 (5)对散装矿物粉料,用小锤子敲击车门,查看是否漏泄。 (6)敞车装车后检查,中门上下门销入槽插牢到位并锁闭,下侧门门销落锁并捆绑防跳,车门外胀不超过限度(敞车车体外胀允许空车 80 mm,重车 150 mm)。 (7)检查集装箱装载情况。 (8)进行装车质量签认。 (9)检查防护牌(灯)撤除情况	(1)符合装载加固、篷布苫盖质量规定。 (2)车门、窗、盖、阀关闭妥当,施封符合规定。 (3)货物运单填记车号顺位与实际相符。 (4)车门加固按下列规定执行: ①遇车门关闭或锁闭不良时,须使用 10 号镀锌铁线捆绑。 ②敞车中门上、下插销必须入槽,挡铁发挥作用。有一个未入槽、挡铁不起作用时,必须对相应部位使用 10 号镀锌铁线捆固。 ③敞车下侧门左右搭扣必须入槽,有一个未入槽时,必须使用 10 号镀锌铁线十字形捆固。 ④使用铁线对车门捆固时,必须使用工具(钳子、绞棍),拧固圈数不少于 3 圈,剪齐余尾,铁线不得重复使用。 (5)发现货物有漏泄重新封堵。 (6)使用敞车装载集装箱时,集装箱两侧距车侧墙距离须一致,每个集装箱每侧与车侧墙间应使用草挡掩紧。 (7)逐车检查,车帮、车钩、闸盘、端部横梁、门销搭扣、走行部无残留货物,道沿、轮缘槽符合调车要求。 (8)货物运单、装车质量签认单等基础资料填记正确齐全。 (9)防护牌(灯)按规定撤除	—

表 4.1 装车作业程序及技术要求(续)

程序	项目	作业人员	作业内容	技术要求	事项要求
四、编制货票	1. 制票	货运内勤	(1)装车完毕后,装车单位要认真填写装车计量单,计量单上加盖称重计量专用章和由有关人员签认,及时送车站货运室审核并留存; (2)根据电子货物运单(纸质货物运单上加盖承运日期戳记)、装车计量单填制完成电子货票; (3)关联车辆信息,提交传输货票数据	(1)装车计量填写要真实有效,签认及章清晰; (2)要认真审核货票各项内容填写是否正确,按公司相关文件认真审核运价率,严格执行货运收费有关规定,确保各项收费准确无误; (3)待列车发出后,货运员要根据车号预确报系统关联车辆信息,在系统中点击"关联车辆",及时发出有关列车信息; (4)车辆信息要准确完成,确保与实际装车信息相符; (5)纸质票据加盖的日期戳记必须清晰,并有经办人盖章,按月装订成册,妥善保管备查	—
	2. 复核	货运内勤	(1)对当日打印货票进行自控; (2)由接班人员进行互控	票据信息正确无误	—

2 卸车技术作业

2.1 主题内容与适用范围

本标准规定了货运员卸车技术作业程序和技术要求,适用于朔黄铁路各装卸车站货运员卸车技术作业。

2.2 卸车作业程序图

卸车作业程序见图4.2。

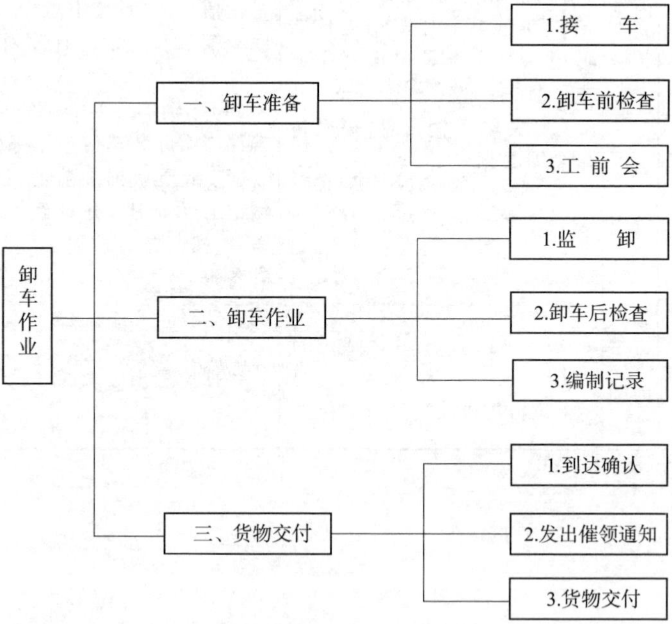

图4.2 卸车作业程序

2.3 卸车作业程序及技术要求

卸车作业程序及技术要求见表4.2。

表 4.2 卸车作业程序及技术要求

程序	项目	作业人员	作业流程	作业标准	事项要求
一、卸车准备	1. 接车	货运外勤	(1)接到车站卸车通知,检查货位能否容纳待卸货物; (2)检查运输票据记载的到站与货物实际到站是否相符; (3)检查线路及货物安全距离; (4)上岗接车,联系调车组对货位	(1)卸车货位安排合理; (2)货物安全距离符合规定,有装卸作业时通知停止作业; (3)停车位置便于卸车	—
	2. 卸车前检查	货运外勤	(1)检查货车、装载、篷布及施封状态,发现问题及时通知有关人员共同检查处理; (2)核对现车与票据是否相符; (3)检查卸车货位清扫状态; (4)检查装卸作业防护牌(灯)是否安装及安装是否符合规定; (5)检查装卸机具、吊具、索具、照明工具及劳动防护用品; (6)隔离开关操作现场确认(电气化区段作业)	(1)发现问题按规定处理; (2)票、货、车、封印相符; (3)货位清扫干净,使用符合规定; (4)作业机具、吊具、索具、安全防护用品安全有效; (5)按规定安放装卸作业防护牌(灯); (6)隔离开关断电前禁止上车作业,货场值班人员会同装卸单位值班员对隔离开关断电进行现场确认并签认	—
	3. 工前会	货运外勤	(1)向装卸班组介绍所卸货物的件数,提出作业时间要求; (2)提出注意事项和保证货物安全的要求	(1)要求明确,布置周密; (2)拆封符合规定; (3)工前会结束后,参会人员在“货场工前会记录簿”签认	—

表4.2 卸车作业程序及技术要求(续)

程序	项目	作业人员	作业流程	作业标准	事项要求
二、卸车作业	1.监卸	货运外勤	(1)向内勤货运员汇报货车送到时间及开始卸车时间。 (2)边卸车、边检查,指导作业,多车作业时巡回监卸。检查是否按标准作业,是否落实爱车措施,检查集装箱箱体质量、箱号和封印。 (3)重点货物按规定会同有关人员监卸。 (4)按规定捆绑加固车门,清理车钩、车帮等处漂浮物。 (5)掌握卸车进度,向车站汇报预计卸完时间和实际卸完时间	(1)落实卸车标准,符合货物堆码标准,无误卸,货物和车辆无损坏。集装箱箱体、箱号或封印状态不良时,做好记录。 (2)做好车门关闭,车厢内、车钩、车帮等处清理。 (3)汇报情况及时准确。 (4)人员与作业机械满足安全作业距离	—
	2.卸车后检查	货运外勤	(1)检查卸后车内货物是否卸空、清扫干净,表示牌是否撤除,线路是否清理完毕等; (2)检查货物件数与运单是否相符,卸后货物安全距离是否符合规定; (3)检查车门、窗、端侧墙是否关闭严密,检查车门捆绑加固情况; (4)检查加固材料、篷布号码、张数	(1)无漏卸,车内清扫干净,车辆两端、侧墙无残余物; (2)货物安全距离符合规定,票货相符,件数正确; (3)车门、车窗、盖、阀、端侧墙关闭妥当,加固符合规定; (4)加固材料按规定处理;篷布号码、张数正确无误,折叠正确交货主保管	—
	3.编制记录	货运内勤	对卸车中发现的问题按有关规定办理,及时编制记录	处理符合要求,记录编制正确无误	—

表 4.2　卸车作业程序及技术要求(续)

程序	项目	作业人员	作业流程	作业标准	事项要求
三、货物交付	1. 到达确认	货运内勤	做好到达列车确认和有关信息审核工作	(1)各到达站按规定每日18点前将到达列车的货票录入货票系统; (2)认真核对到站信息,及时纠正错办漏收问题,确保财务完整	—
	2. 发出催领通知	货运内勤	(1)在卸车前用电话向收货人发出催领通知,并在货票内记明通知的时间; (2)收货人或地址不详时,与发站或运销联系	通知及时,无漏通知、无误通知	—
	3. 货物交付	货运内勤	(1)打印到达列车货票; (2)查验领货凭证,确认收货人名称及领货人证件; (3)交付货物,并在货票加盖交付日期戳记	(1)收货人及领货人证件信息正确,确认无误; (2)确认货物交付收货人; (3)加盖的日期戳记必须清晰,并有经办人盖章,按月装订成册,妥善保管备查	—

3 货运检查技术作业

3.1 主题内容与适用范围

本标准规定了货运员货检技术作业内容和技术要求,适用于朔黄铁路货检站货运员货运检查技术作业。

3.2 货检作业程序图

货检作业程序见图4.3。

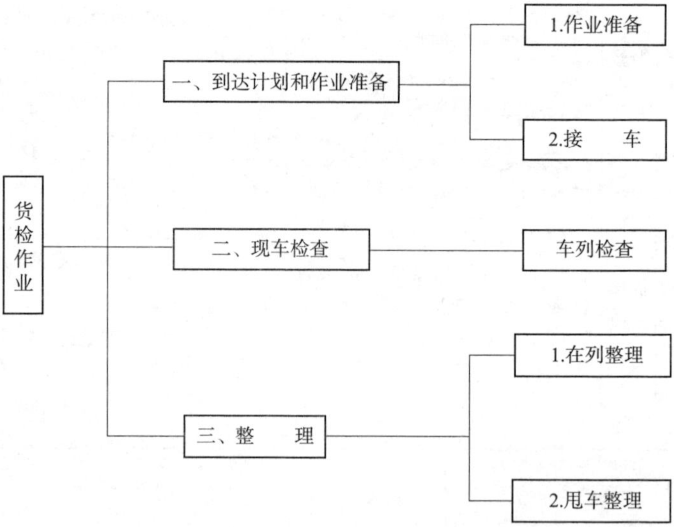

图4.3 货检作业程序

3.3 货检作业程序及技术要求

货检作业程序及技术要求见表4.3。

表 4.3　货检作业程序及技术要求

程序	项目	作业人员	作业内容	技术要求	事项要求
一、到达计划和作业准备	1. 作业准备	货运内勤	(1) 接收阶段计划、变更计划，以及到发车次、股道、时刻、编组辆数等有关信息； (2) 将工作内容、检查重点、安全事项及要求等向货运外勤传达、布置	(1) 接收行车预告阶段计划，确定检查列车； (2) 根据计划，将工作内容、检查重点、安全事项及要求等向货运外勤传达、布置； (3) 掌握到达（出发）列车车次、股道、时刻、编组内容及施封、重点车等情况； (4) 作业时，货运外勤应携带相关作业工具和备品	—
	2. 接车	货运外勤	(1) 接收车站接车通知； (2) 上岗接车，对列车进行目测预检	(1) 在列车到达前，货运员应出场立岗，在列车到达、通过时，对列车进行目测预检； (2) 出场作业须佩带视频记录设备； (3) 可以通过视频监控、超偏载检测等设备对到达列车进行预检	—

表4.3　货检作业程序及技术要求(续)

程序	项目	作业人员	作业内容	技术要求	事项要求
二、现车检查	车列检查	货运内勤、外勤	(1)货运员应从车列一端逐车进行检查； (2)车列检查、整理应在规定的技术作业时间内完成； (3)相邻线路通过机车车辆时,作业人员应提前暂停作业； (4)电气化区段作业时,应按有关规定办理； (5)严格执行劳动安全有关规定	(1)货运员应从车列一端逐车双人进行检查； (2)货运员对车列首尾的车辆,应涂打检查标记,记录检查开始、完成时间； (3)货运员对检查重点内容进行记录,对问题车、押运人证件等信息进行拍照或记录并反馈； (4)车列检查、整理应在规定的技术作业时间内完成； (5)车列检查、整理完毕后,货运员应及时汇报； (6)需拍发电报时,货运员应于列车到达后120 min内以电报通知上一货检站、抄知发到站,必要时抄知有关单位和部门,需编制记录的,按规定编制； (7)需要甩车整理的,货运员应通知车站调度员(值班员)甩车处理； (8)检查作业和在列整理完毕后,货运员及时通知车站调度员(值班员)作业完成情况； (9)检查时,落实人身安全有关规定	货检主要内容： (1)货物列车中货物装载、加固状态； (2)货车篷布及篷布绳网苫盖、捆绑状态； (3)施封(罐车、集装箱、SQ型或JSQ型车端门处施封除外)； (4)货车门、窗、盖、阀关闭情况,以及罐式集装箱盖、阀关闭情况； (5)《铁路超限超重货物运输规则》规定的事项(不检查军用超限货物的超限超重货物运输记录)； (6)设备检测发现的超偏载问题； (7)货车、货物、集装箱、篷布等顶部和敞车内货物等视频监控设备可视部位的情况； (8)危险货物押运人押运情况； (9)对无列检作业的车站,还应检查自动制动机的空重位置,不符合时应进行调整； (10)公司规定的其他事项

表4.3　货检作业程序及技术要求(续)

程序	项目	作业人员	作业内容	技术要求	事项要求
三、整理	1. 在列整理	货运外勤	(1)检查货车、装载、篷布及施封状态,发现问题及时通知有关人员共同检查处理; (2)核对现车与票据是否相符	(1)对发生装载加固、篷布苫盖、门窗盖阀等方面问题的,不需要甩车处理时,应采取有效防护措施后对车列内需整理货车进行整理; (2)预计整理时间超过技术作业时间时,货运员应及时向车站调度员(值班员)汇报; (3)在列整理时,货运员应严格按有关规定进行作业,确保人身作业安全; (4)在列整理时,应先确认货物装载加固状态及车门的关闭状态,确保安全后再进行作业; (5)检查装有易燃易爆等危险货物的货车时,严禁明火接近、敲打罐体或进入车(罐)内; (6)落实电气化区段人身安全规定; (7)严禁钻车	—

表4.3　货检作业程序及技术要求(续)

程序	项目	作业人员	作业内容	技术要求	事项要求
三、整理	2. 甩车整理	货运外勤	对危及行车安全又不能在列整理的车辆,货运员应汇报车站调度员(值班员)甩车整理	(1)应做好防护工作,严禁在挂有接触网的线路(设有隔离开关的线路除外)进行整理车辆; (2)在运输中发生甩车处理的货车,不能原车安全继运的,以及因车辆技术状态不良,经车辆部门扣留需要换车时,应进行换装处理; (3)对换装整理的货车要认真统计,及时上报; (4)做好安全防护; (5)货检站换装整理产生费用按《铁路货物运输管理规则》《朔黄铁路运输收入管理办法》等执行	下列情况应甩车整理: (1)篷布苫盖不整或缺少腰绳、篷布绳网; (2)货物发生严重倾斜、偏载、移位、窜动、坠落、倒塌和渗漏; (3)超限货物按普通货物办理; (4)加固支柱折断,或装载加固材料(装置)超限; (5)棚车车门脱槽,罐车上盖张开; (6)罐车发生泄漏或溢出; (7)危险货物运输押运或施封等问题需甩车处理的; (8)货车、货物、集装箱、篷布等顶部或车体上有异物且无法在列处理; (9)火灾; (10)货物明显被盗丢失; (11)发生其他危及行车安全情况不能在列整理时

二、作业风险管理

1　装车作业风险管理表

装车作业风险管理见表 4.4。

表 4.4　装车作业风险管理

序号	工序	管理对象	危险源	后果	风险等级	预控措施	控制标准
1	装车作业	装卸人员	货物加固不牢	车辆损坏、人身伤亡	中度	(1)根据货物品类执行针对性装载加固方案； (2)货场值班员现场盯控； (3)装车后货场值班员、装卸单位对货物装载加固进行检查； (4)发车前由货检人员对装载加固状态进行复查	装车牢固、无偏载
2		装卸人员	转向架固定不牢	人身伤亡	低度	(1)调整好转向架和滑枕的位置并固定好转向架下部； (2)在转向架上下架体间以及滑枕上均匀涂满润滑油脂	确保转向架牢固，不移位
3		装卸人员	吊臂下有人停留或通过时进行吊装作业	人身伤害	低度	(1)吊装作业应设现场安全防护员； (2)起吊前应确认吊臂下方和起吊物移动方向下方无人员停留或通过； (3)发现人员进入吊装区域应及时叫停	保障吊装作业不发生人员砸伤、碰伤

表 4.4　装车作业风险管理(续)

序号	工序	管理对象	危险源	后果	风险等级	预控措施	控制标准
4	装车作业	装卸人员	吊具索具老化、破损	人身伤亡	低度	(1)起吊作业前装卸单位应对吊装设备进行检查,货场值班员进行复查; (2)发现吊具索具断股、散股、老化时,不得进行吊装作业	保障吊装作业不发生人员砸伤、碰伤
5		装卸人员	起吊物超载	人身伤亡、设备损坏	低度	(1)装卸单位根据吊物重量使用匹配吨位的吊车; (2)散装货物起吊时不得超过吊车容许吊重; (3)吊物重量不明不准吊; (4)货场值班员对起吊作业进行监管,发现起吊物超载时应及时叫停; (5)吊车安全装置失灵或带病不准吊	防止吊车倾覆或吊索具断裂
6		装车人员、货场值班员	未按要求进行货物装载状态检查(发生二级及以上超、偏载)	列车脱轨	高度	(1)装车前货场值班员监督装车人员按要求做好货物密度测算,严格按量尺划线高度进行装车,同时做好集装箱货物重量监磅,并做好相关记录,杜绝货物超载现象发生; (2)货场值班员联合装车人员逐车对车辆(集装箱)装载状态进行检查,发现装载质量不达标的立即进行整理; (3)发生超、偏载事件时,及时通知相关单位处理	(1)装载重量不得超过货车容许载重量; (2)货车(包括货物)总重心投影与车辆纵向中心线不得大于75 mm; (3)货车前后两转向架架重之差不得大于8 t

表 4.4　装车作业风险管理(续)

序号	工序	管理对象	危险源	后果	风险等级	预控措施	控制标准
7	装车作业	装卸人员	车门封堵不严、加固不牢	货物泄漏 车辆偏载	低度	(1)货场值班员对待装车辆进行检查,对车门缝隙过大、车门零部件缺失的车辆,由货场班组长报车站值班员,经车站值班员现场确认后进行处理; (2)装车作业前,装车人员使用10号双股铁丝、木楔对车门进行加固; (3)装车作业前,装车人员使用编织袋对车门内侧进行封堵; (4)装车后,装车人员、货场值班员对车门封堵加固状态逐一进行检查,发现泄漏,使用泡沫胶、编织袋进行二次封堵	车门封堵严实,捆绑牢固
8	货运检查	货运员	错交、漏交列车货运票据	耽误列车	低度	(1)认真核对现车做到车、票一致; (2)与司机办理签认手续	票据与现车一致
9		货运员	装卸完毕未按规定货运检查	列车脱轨	中度	(1)货物装卸完毕后现场检查; (2)及时将超、偏载情况通知装车或卸车单位,并监督整改	保证货物装载、车辆状态良好
10		货运员	作业过程中未按规定上下车	人身伤害	中度	(1)上车前应选择好车梯,确认车梯牢固状态,冬天注意除冰、除雪; (2)上下车时抓稳、蹬牢	防止人身伤害

2　卸车作业风险管理表

卸车作业风险管理见表4.5。

表4.5　卸车作业风险管理

序号	工序	管理对象	危险源	后果	风险等级	预控措施	控制标准
1	调车作业	装卸人员	场门固定不牢	车辆损坏	低度	(1)开启场门并将门钩挂牢； (2)调车期间设专人防护； (3)定期对场门和挂钩进行检查	确保场门固定牢固、不侵限
2		作业机具	作业机具未按规定停止作业并停靠	车辆、设备设施损坏	低度	(1)调车作业前所有作业机具需全部停止作业并在指定安全位置待命； (2)货场值班员现场盯控	作业机具不得擅自作业
3		货场值班员	防溜设备丢失或防溜措施失效	车辆溜逸	低度	(1)防溜设备及措施巡查记录清楚、明确； (2)做好看管，发现丢失及时上报车站	严禁擅自撤除、增加、改变防溜措施
4		货场值班员	隔离开关操作前未进行作业现场确认	人身伤亡	低度	(1)隔离开关断电前确认所有人员、机具在指定位置待命； (2)隔离开关送电前确认人员、机具全部撤离作业区域； (3)隔离开关操作须车站、货场、装卸队三方现场确认并签字	隔离开关操作前进行作业现场确认

表 4.5　卸车作业风险管理(续)

序号	工序	管理对象	危险源	后果	风险等级	预控措施	控制标准
5	调车作业	货场值班员	平交道口无人看护	人身伤亡 车辆损坏	低度	(1)平交道口安设警示标志; (2)设专人对道口进行看护、监督; (3)工队管理人员随机抽查	调车作业中严禁任何人员、车辆通过平交道口
6	卸前检查	装卸人员	未按规定设置安全防护信号	调车冲突	低度	(1)由货场值班员设置作业防护牌; (2)作业防护牌安设于货物线两端来车方向钢轨左股; (3)作业防护牌设置在距离车列不小于50 m处,不足50 m时,应设在警冲标相齐处	防止调车冲突和人员相撞事故
7		现场人员	未按规定佩戴防护用品	人身伤亡	低度	(1)装卸单位给卸车作业人员配备合格劳动防护用品; (2)工前会货场值班员对防护用品佩戴情况进行检查; (3)工队管理人员定期检查; (4)分公司随机抽查	正确佩戴、使用劳动防护用品
8	卸车作业	装卸人员	攀登车顶、车帮	人身伤害	低度	(1)工前会进行安全教育; (2)进行不间断巡查	无人员攀登车顶、车帮
9		机具司机	电气化区段机具侵限	接触网断线、断电	中度	(1)作业机具起重臂应在作业区域内作业,不得侵限; (2)机具保持性能良好; (3)对机具作业全程监控; (4)执行一人一车防护制度	保持作业机具与带电接触网2 m以上安全距离

表 4.5 卸车作业风险管理(续)

序号	工序	管理对象	危险源	后果	风险等级	预控措施	控制标准
10	卸车作业	装卸人员	未按规定开、关车门	车辆损坏 人身伤亡	低度	(1)开车门人员应立于车门侧旁,防止货物溜下、车门掉落砸伤; (2)遇不明车型,不了解车门开关方法时,应联系车辆部门处理; (3)把车门关好或捆绑牢固	正确开、关车门,确保车门状态良好
11		装卸人员 机具司机	人员、机具交叉作业	人身伤亡	低度	(1)工前会进行安全教育; (2)货场值班员现场盯控	人员、机械保持3车以上安全距离
12		机具司机	作业机具清理道沿、碰撞车体	车辆损坏	中度	(1)定期对司机进行安全作业培训; (2)工前会强调安全作业注意事项; (3)作业期间加强对作业机具的监管力度	无作业机具清理道沿现象
13	卸后检查	货场 值班员	道心、道沿、轮沿槽清理不达标	调车脱轨	低度	(1)工前会强调作业标准; (2)货场管理人员认真检查	道心、轮沿槽全部清理干净,外侧货物清理至距轨道1.5 m
14		装卸人员	装卸工具在货物线随意摆放	车辆脱轨	低度	货场值班员作业前后对货物线进行检查确认	符合取、送车作业要求

车机联控作业标准

（Q/SHTL-CW05—2021）

一、作业标准

1 范围

本标准规定了铁路车机联控的设备、作业人员、作业程序及用语。

本标准适用于朔黄铁路管内的车机联控作业。

2 术语和定义

下列术语和定义适用于本文件。

2.1 车机联控 train/ground call and response

车务、机务等行车有关人员使用列车无线调度通信设备,按规定联络,提示行车安全信息、确认行车要求的互控方式。

2.2 呼叫人 calling party

在车机联控作业中首先进行呼叫的一方。

2.3 被呼叫人 called party

在车机联控作业中被呼叫后进行应答的一方。

2.4 复诵人 repeater

在车机联控作业中被呼叫或回应(应答)后进行重复应答的一方。

3 设备

3.1 车机联控使用的设备包括:纳入列车无线调度通信系统的调度所列车调度通信设备、车站列车调度通信设备、车载无线通信设备(机车、自轮运转特种设备)、无线对讲设备、LTE-R 手持终端、语音记录装置等。

3.2 上线运行的机车、自轮运转特种设备等应装设车载无线通信设备。机车(自轮运转特种设备)司机、车辆乘务员及参与车机联控的有关人员应配备列车无线调度通信(便携)设备。

4 作业人员

4.1 参与车机联控的人员应经过培训,能够正确使用列车无线调度通信设备,掌握车机联控的作业标准,严格按照标准作业。

4.2 执行车机联控时,应使用普通话,做到用语准确、吐字清晰。

5 要求

5.1 基本要求

5.1.1 执行车机联控时遇数字“0”“1”“2”“7”可读“dòng(洞)”“yāo(幺)”“liǎng(两)”“guǎi(拐)”,但车次首位为“0”或车次首位及第二位均为“0”时,应发“零”音。

5.1.2 因劳动组织和作业方法不同,由车站值班员执行的联控用语可按岗位职责规定由有关岗位人员执行。

5.1.3 本标准联控用语中( )内的字可省略,[ ]内的字与加粗字根据实际情况选择。

5.2 车机联控作业程序图

车机联控作业程序见图5.1。

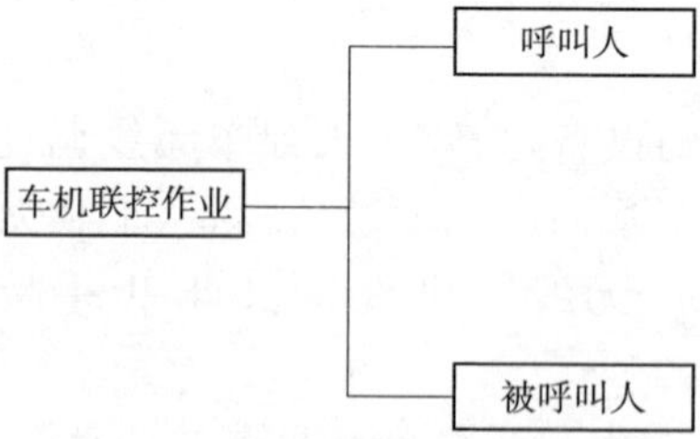

图5.1 车机联控作业程序

5.3 作业要求

5.3.1 接车

5.3.1.1 正常接车

正常接车联控用语见表5.1。

表5.1 正常接车联控用语

<table>
<tr><th rowspan="2">呼叫时机</th><th colspan="3">联控用语</th></tr>
<tr><th>作业人</th><th>车站值班员</th><th>列车司机</th></tr>
<tr><td rowspan="3">自动闭塞区段,列车接近第一接近通过信号机或规定的呼叫点;半自动闭塞区段(自动站间闭塞、双线反方向行车时),列车在规定的呼叫点</td><td>呼叫人</td><td></td><td>××(站)××(次)接近</td></tr>
<tr><td>被呼叫人</td><td>××(次)××(站)×道通过[停车]</td><td></td></tr>
<tr><td>复诵人</td><td></td><td>××(次)×道通过[停车],司机明白</td></tr>
<tr><td colspan="4">一端有两个及以上运行方向的车站(车场、线路所),列车通过时应在联控用语后增加“去××方向”。
能够接收列车进路预告信息时不联控</td></tr>
</table>

5.3.1.2 通过列车变为停车

通过列车变为停车联控用语见表5.2。

表5.2 通过列车变为停车联控用语

<table>
<tr><th rowspan="2">呼叫时机</th><th colspan="3">联控用语</th></tr>
<tr><th>作业人</th><th>车站值班员</th><th>列车司机</th></tr>
<tr><td rowspan="2">列车接近前</td><td>呼叫人</td><td>××(次)××(站)×道停车</td><td></td></tr>
<tr><td>被呼叫人</td><td></td><td>××(次)×道停车,司机明白</td></tr>
</table>

5.3.1.3 原规定为通过的旅客列车由正线变更为到发线接车

原规定为通过的旅客列车由正线变更为到发线接车联控用语见表5.3。

表5.3 原规定为通过的旅客列车由正线变更为到发线接车联控用语

呼叫时机	联控用语		
	作业人	车站值班员	列车司机
列车接近前	呼叫人	××(次)××(站)变更×道**通过**[停车]	
	被呼叫人		××(次)××(站)变更×道**通过**[停车],司机明白
一端有两个及以上运行方向的车站(车场、线路所),列车通过时应在联控用语后增加“去××方向”			

5.3.1.4 列车直进侧出(固定径路除外)

列车直进侧出(固定径路除外)联控用语见表5.4。

表5.4 列车直进侧出(固定径路除外)联控用语

呼叫时机	联控用语		
	作业人	车站值班员	列车司机
列车接近前	呼叫人	××(次)××(站)×道通过,直进侧出	
	被呼叫人		××(次)×道通过,直进侧出,司机明白
一端有两个及以上运行方向的车站(车场、线路所),应在联控用语后增加“去××方向”			

5.3.1.5 列车通过,出站反方向行车

列车通过,出站反方向行车联控用语见表 5.5。

表 5.5 列车通过,出站反方向行车联控用语

<table>
<tr><th rowspan="2">呼叫时机</th><th colspan="3">联控用语</th></tr>
<tr><th>作业人</th><th>车站值班员</th><th>列车司机</th></tr>
<tr><td rowspan="2">列车接近前</td><td>呼叫人</td><td>××(次)××(站)×道通过,反方向运行</td><td></td></tr>
<tr><td>被呼叫人</td><td></td><td>××(次)×道通过,反方向运行,司机明白</td></tr>
<tr><td colspan="4">侧向出站时,应在联控用语后增加“侧向出站,限速××公里”(“限速××公里”的取值,不超过列车出站进路上辙叉号数最小的道岔侧向运行允许速度值,具体数值在《站细》中明确)。
一端有两个及以上运行方向的车站(车场、线路所),应在联控用语后增加“去××方向”</td></tr>
</table>

5.3.1.6 列车临时机外停车

列车临时机外停车联控用语见表 5.6。

表 5.6 列车临时机外停车联控用语

<table>
<tr><th rowspan="2">呼叫时机</th><th colspan="3">联控用语</th></tr>
<tr><th>作业人</th><th>车站值班员</th><th>列车司机</th></tr>
<tr><td rowspan="2">列车接近前</td><td>呼叫人</td><td>××(次)××(站)机外停车</td><td></td></tr>
<tr><td>被呼叫人</td><td></td><td>××(次)××(站)机外停车,司机明白</td></tr>
</table>

5.3.1.7 呼叫机外停车后接车

呼叫机外停车后接车联控用语见表 5.7。

表 5.7　呼叫机外停车后接车联控用语

呼叫时机	联控用语		
	作业人	车站值班员	列车司机
已呼叫司机机外停车,信号开放后	呼叫人	××(次)**进站**[接车进路]信号好(了),×道**通过**[停车]	
	被呼叫人		××(次)**进站**[接车进路]信号好(了),×道**通过**[停车],司机明白
一端有两个及以上运行方向的车站(车场、线路所),列车通过时应在联控用语后增加“去××方向”			

5.3.1.8　车站引导接车

车站引导接车联控用语见表 5.8。

表 5.8　车站引导接车联控用语

呼叫时机	联控用语		
	作业人	车站值班员	列车司机
列车接近前	呼叫人	××(次)××(站)引导接车,×道**停车**[通过],注意引导信号	
	被呼叫人		××(次)××(站)引导接车,×道**停车**[通过],司机明白
一端有两个及以上运行方向的车站(车场、线路所),列车通过时应在联控用语后增加“去××方向”。 若用手信号引导列车进站,“注意引导信号”应为“注意引导手信号”			

5.3.1.9　正常接车,进站信号开放,进路及出站均未开放

正常接车,进站信号开放,进路及出站均未开放联控用语见表 5.9。

表 5.9　正常接车，进站信号开放，进路及出站均未开放联控用语

呼叫时机	联控用语		
	作业人	车站值班员	列车司机
进站信号开放，进路及出站信号未开放	呼叫人		××（站）××（次）接近
	被呼叫人	××（次）××（站）×道进站信号好（了），注意进路信号	
			××（次）××（站）×道进站信号好（了），注意进路信号，司机明白

5.3.1.10　进站信号开放后，进路及出站均未开放，车站值班员主动呼叫司机

进站信号开放后，进路及出站均未开放，车站值班员主动呼叫司机联控用语见表 5.10。

表 5.10　进站信号开放后，进路及出站均未开放，车站值班员主动呼叫司机联控用语

呼叫时机	联控用语		
	作业人	车站值班员	列车司机
进站信号开放，进路及出站信号未开放	呼叫人	××（次）××（站）×道进站信号好（了），注意进路信号	
	被呼叫人		××（次）××（站）×道进站信号好（了），注意进路信号，司机明白

5.3.1.11　进站信号开放后，进路开放，出站未开放，车站值班员主动呼叫司机

进站信号开放后，进路开放，出站未开放，车站值班员主动呼叫司机联控用语见表 5.11。

表 5.11　进站信号开放后，进路开放，出站未开放，车站值班员主动呼叫司机联控用语

呼叫时机	联控用语		
	作业人	车站值班员	列车司机
进站信号开放后，进路开放，出站未开放	呼叫人	××(次)××(站)×道进路信号好(了)，注意出站信号	
	被呼叫人		××(次)××(站)×道进路信号好(了)，注意出站信号，司机明白

5.3.1.12　进站信号开放后，进路及出站均已开放，车站值班员主动呼叫司机

进站信号开放后，进路及出站均已开放，车站值班员主动呼叫司机联控用语见表 5.12。

表 5.12　进站信号开放后，进路及出站均已开放，车站值班员主动呼叫司机联控用语

呼叫时机	联控用语		
	作业人	车站值班员	列车司机
进站信号开放后，进路及出站均已开放	呼叫人	××(次)××(站)×道出站信号好(了)	
	被呼叫人		××(次)××(站)×道出站信号好(了)，司机明白

5.3.1.13　当进站信号未开放，车站有计划线路接车时

当进站信号未开放，车站有计划线路接车时联控用语见表 5.13。

表 5.13　当进站信号未开放,车站有计划线路接车时联控用语

呼叫时机	联控用语		
	作业人	车站值班员	列车司机
列车接近前	呼叫人	××(次)计划××(站)×道**通过**[停车],注意进站信号	
	被呼叫人		××(次)计划××(站)×道**通过**[停车],注意进站信号,司机明白

5.3.2　发车

5.3.2.1　客运列车发车

客运列车发车联控用语见表 5.14。

表 5.14　客运列车发车联控用语

呼叫时机	联控用语		
	作业人	车站值班员	列车司机
出站信号开放后,或发车进路及出站信号均开放后	呼叫人	××(次)×道**出站**[发车进路]信号好(了)	
	被呼叫人		××(次)×道**出站**[发车进路]信号好(了),司机明白
一端有两个及以上运行方向的车站(车场、线路所),应在联控用语后增加"去××方向"			

5.3.2.2　货物列车发车,发车进路一次排通时车站值班员主动呼叫司机

货物列车发车,发车进路一次排通时车站值班员主动呼叫司机联控

用语见表5.15。

表5.15 货物列车发车,发车进路一次排通时车站值班员主动呼叫司机联控用语

呼叫时机	联控用语		
	作业人	车站值班员	列车司机
出站信号开放后,或发车进路及出站信号均开放后	呼叫人	××(次)×道(×段)发车	
	被呼叫人		××(次)×道(×段)发车,司机明白
车站值班员联控用语亦为发车指示命令。 一端有两个及以上运行方向的车站(车场、线路所),应在联控用语后增加"去××方向"。 反方向发车时,联控用语中应改为"反方向发车"			

5.3.2.3 货物列车发车,分段排列发车进路,出站信号未开放,车站值班员主动呼叫司机

货物列车发车,分段排列发车进路,出站信号未开放,车站值班员主动呼叫司机联控用语见表5.16。

表5.16 货物列车发车,分段排列发车进路,出站信号未开放,车站值班员主动呼叫司机联控用语

呼叫时机	联控用语		
	作业人	车站值班员	列车司机
发车进路信号开放后,前方进路或出站信号未开放	呼叫人	××(次)×道×段发车进路信号好(了),注意出站[×段进路]信号	
	被呼叫人		××(次)×道×段发车进路信号好(了),注意出站[×段进路]信号,司机明白
车站值班员联控用语亦为发车指示命令。 一端有两个及以上运行方向的车站(车场、线路所),应在联控用语后增加"去××方向"。反方向发车时,联控用语中应改为"反方向发车"			

5.3.2.4 货物列车发车,分段排列发车进路,后续进路办理好,车站值班员主动呼叫司机

货物列车发车,分段排列发车进路,后续进路办理好,车站值班员主动呼叫司机联控用语见表 5.17。

表 5.17 货物列车发车,分段排列发车进路,后续进路办理好,车站值班员主动呼叫司机联控用语

呼叫时机	联控用语		
	作业人	车站值班员	列车司机
后续进路信号开放、出站信号未开放	呼叫人	××(次)×进路信号好(了),注意出站信号	
	被呼叫人		××(次)×进路信号好(了),注意出站信号,司机明白
后续进路、出站信号开放后	呼叫人	××(次)×进路、出站信号好(了)	
	被呼叫人		××(次)×进路、出站信号好(了),司机明白

5.3.3 列车经过限速地段

列车经过限速地段联控用语见表 5.18。

表 5.18 列车经过限速地段联控用语

呼叫时机	联控用语		
	作业人	车站值班员	列车司机
有临时限速	呼叫人		××(站)××(次)接近
	被呼叫人	××(次)××(站)×道通过(停车),注意站内(区间)限速	

续上表

呼叫时机	联控用语		
	作业人	车站值班员	列车司机
有临时限速	复诵人		××(次)××(站)×道**通过**(停车)。站内(区间)××公里××米至××公里××米限速××公里/小时,司机明白
凡在站内或区间遇有施工及其他原因临时限速运行时(不包括图定限速区段)由接近施工限速地点的车站在进站联控时,增加用语"注意站内(区间)限速";司机在规定用语应答后,增加用语"站内(区间)××公里××米至××公里××米限速××公里/小时,司机明白"			

5.3.4 被迫停车

5.3.4.1 列车被迫停车,列车司机呼叫车站

列车被迫停车,列车司机呼叫车站联控用语见表5.19。

表5.19 列车被迫停车,列车司机呼叫车站联控用语

呼叫时机	联控用语		
	作业人	车站值班员	列车司机
列车在区间被迫停车	呼叫人		××(站)××(次)在××公里(处)被迫停车
	被呼叫人	××(次)在××公里(处)被迫停车,××(站)明白	
在××公里后应说明被迫停车原因。 被迫停车后可能妨碍邻线时应在被迫停车后增加"可能侵入邻线"			

5.3.4.2 列车被迫停车，车站立即呼叫追踪列车

列车被迫停车，车站立即呼叫追踪列车联控用语见表5.20。

表5.20 列车被迫停车，车站立即呼叫追踪列车联控用语

呼叫时机	联控用语		
	作业人	车站值班员	追踪列车司机
车站接到列车在区间被迫停车的通知	呼叫人	××（次）在××公里（处）被迫停车，××（次）注意运行	
	被呼叫人		××（次）在××公里（处）被迫停车，注意运行，××（次）司机明白

5.3.4.3 列车可能妨碍邻线，车站立即呼叫邻线列车

列车可能妨碍邻线，车站立即呼叫邻线列车联控用语见表5.21。

表5.21 列车可能妨碍邻线，车站立即呼叫邻线列车联控用语

呼叫时机	联控用语		
	作业人	车站值班员	邻线列车司机
车站接到列车可能妨碍邻线的通知	呼叫人	××（次）立即停车，××（次）在××公里（处）侵限	
	被呼叫人		××（次）立即停车，司机明白

5.3.5 道口发生险情

道口发生险情联控用语见表5.22。

表 5.22　道口发生险情联控用语

呼叫时机	联控用语		
	作业人	道口工	列车司机
道口发生险情	呼叫人	××道口发生险情，××(次)立即停车	
	被呼叫人		××(次)立即停车，司机明白
在多线区间，应在“××道口”前增加“××线”；在枢纽地区，应在“××道口”前增加“××(站)至××(站)间”。 如不知道车次时呼叫“××道口发生险情，上[下]行接近列车立即停车”，若道口上下行都发生险情，上[下]应为“上、下”			

5.3.6　线路发生险情

线路发生险情联控用语见表 5.23。

表 5.23　线路发生险情联控用语

呼叫时机	联控用语		
	作业人	巡守人员	列车司机
线路发生险情	呼叫人	××线××公里(处)线路发生险情，上[下]行接近列车立即停车	
	被呼叫人		立即停车，××(次)司机明白
如知道车次时呼叫××(次)。 若上下行都发生险情，上[下]应为“上、下”			

5.3.7　列车通过晃车地段，司机呼叫车站

列车通过晃车地段，司机呼叫车站联控用语见表 5.24。

表5.24　列车通过晃车地段，司机呼叫车站联控用语

呼叫时机	联控用语		
	作业人	车站值班员	列车司机
列车通过晃车地段	呼叫人	—	××(站)，××(次)××公里××米晃车
	被呼叫人	××公里××米晃车，××(站)明白	—

5.3.8　两万吨列车特殊联控用语

两万吨列车联控用语见表5.25。

表5.25　两万吨列车联控用语

呼叫时机	联控用语		
	作业人	车站值班员	列车司机
上行两万吨列车在原平南站、西柏坡站有计划侧线停车时需提前一站在车机联控时告知机车乘务员侧线停车计划	呼叫人	××(次)，前方××(站)侧线停车	
	被呼叫人		××(次)，前方××(站)侧线停车，司机明白
上行两万吨列车车机联控时机调整为列车距进站信号机四个闭塞分区	呼叫人		××(站)，××(次)接近
	被呼叫人	××(次)××(站)，×道通过[停车]	
	呼叫人		××(次)××(站)，×道通过[停车]，司机明白
上行两万吨列车车机联控时，车站值班员需一并告知机车乘务员出站信号机的显示情况(黄灯、绿灯)			

5.3.9　万吨列车特殊联控用语

5.3.9.1　万吨列车需越过出站信号机停车时，车机联控用语

万吨列车需越过出站信号机停车时，车机联控用语见表5.26。

表 5.26　万吨列车需越过出站信号机停车时，车机联控用语

呼叫时机	联控用语		
	作业人	车站值班员	列车司机
进站前适当地点	呼叫人		××(站)××(次)接近
	被呼叫人	××(次)××(站)压前停车	
	呼叫人		××(次)××(站)压前停车，司机明白
车站联控司机，须得到机车司机复诵无误后，方准开放出站信号机			

5.3.9.2　万吨列车需越过出站信号机停车后再开时，车机联控用语

万吨列车需越过出站信号机停车后再开时，车机联控用语见表 5.27。

表 5.27　万吨列车需越过出站信号机停车后再开时，车机联控用语

呼叫时机	联控用语		
	作业人	车站值班员	列车司机
发车前	呼叫人	××(次)区间发车	
	被呼叫人		××(次)区间发车，司机明白

5.3.10　准池线卧厂至神池南间 3 处固定位置临时停车联控用语

5.3.10.1　卧神间上行列车区间停车，列车司机呼叫车站联控用语

卧神间上行列车区间停车，列车司机呼叫车站联控用语见表 5.28。

表 5.28　卧神间上行列车区间停车，列车司机呼叫车站联控用语

呼叫时机	联控用语		
	作业人	车站值班员	列车司机
列车接近前	呼叫人		神池南站，××(次)接近
	被呼叫人	××(次)神池南站外×号停车位置停车	
	呼叫人		××(次)神池南站外×号停车位置停车，司机明白

5.3.10.2 卧神间上行列车区间停车再开时,值班员主动呼叫司机联控用语

卧神间上行列车区间停车再开时,值班员主动呼叫司机联控用语见表5.29。

表5.29 卧神间上行列车区间停车再开时,值班员主动呼叫司机联控用语

呼叫时机	联控用语		
	作业人	车站值班员	列车司机
列车发车前	呼叫人	××(次)神池南站×道**停车**[通过或到开]	
	被呼叫人		××(次)神池南站×道**停车**[通过或到开],司机明白

5.3.11 天窗时间黄骅港至段庄区间下行列车5处区间停车联控用语

天窗时间黄骅港至段庄区间下行列车5处区间停车联控用语见表5.30。

表5.30 天窗时间黄骅港至段庄区间下行列车5处区间停车联控用语

呼叫时机	联控用语		
	作业人	车站值班员	列车司机
列车发车时	呼叫人	××(次)港前××道发车,×号天窗区间停车标处停车,停妥联系	
	被呼叫人		××(次)港前××道发车,×号天窗区间停车标处停车,停妥联系,司机明白
列车停妥后	呼叫人		黄骅港站××(次),×点×分,×号天窗区间停车标处停妥
	被呼叫人	××(次),×点×分,×号天窗区间停车标处停妥	

二、作业风险管理

作业风险管理见表5.31。

表5.31　作业风险管理

序号	工序	管理对象	风险类别	危险源	后果	风险等级	预控措施	控制标准
1	接车	车站值班员、信号员、助理值班员	行为	未按规定进行车机联控或车机联控信息处理不当	列车停车	低度	（1）车站值班员联控时，由信号员或助理值班员互控； （2）正确收集车机联控信息内容，及时通知相关单位	车机联控正确、信息上报及时
2	发车	车站值班员、助理值班员	行为	错传、漏传调度命令	错办行车凭证发车	中度	（1）车站值班员与助理值班员做好互控； （2）发车前与司机进行车机联控，核对命令内容	防止错办凭证发出列车或错传、漏传有关注意事项

铁路车站行车作业人身安全标准

（Q/SHTL-CW06—2021）

一、作业标准

本标准依据部颁标准 TB 1699—1985 制定,规定了车站行车作业人身安全标准,适用于朔黄铁路管内各站。

1 行车作业人身安全通用标准

1.1 班前禁止饮酒,班中按规定着装,佩戴防护用品。

1.2 顺线路走时,应走两线路中间,作业人员及所携带的工具不得侵入机车车辆限界,并注意邻线的机车、车辆和货物装载状态。严禁在道心、枕木头上行走。不准脚踏钢轨面、道岔连接杆、尖轨、辙叉心等。

1.3 横越线路时,应一站、二看、三通过,注意左右机车、车辆的动态及脚下有无障碍物。

1.4 横越停有机车、车辆的线路时,先确认机车、车辆暂不移动,然后与其保持 5 m 以上距离绕行通过。严禁在运行中的机车、车辆前面抢越。

1.5 必须横越列车、车列(组)时,严禁钻车。应先确认列车、车列(组)暂不移动,然后由车辆通过台或两车车钩上越过,勿碰钩销;上下车时要抓紧蹬稳并注意邻线有无机车车辆运行,经车辆通过台越过应从车梯上下车。

1.6 严禁在机车车辆底下坐卧,以及钢轨上、轨枕头、道心里坐卧或站立。

1.7 严禁扒乘运行中的机车、车辆,以车代步。

2 接发列车作业人身安全标准

2.1 应熟知站内作业区域、行走径路及两侧相关的设备设施,并随时注意使用情况,如遇设备设施、走行通道发生异状或变化时应及时通知有关人员并采取安全措施。

2.2 接发列车时,应站在规定地点,随时注意邻线机车、车辆动态。

2.3 向机车交递凭证时,须面向来车方向,交后迅速回到安全位置。

2.4 安装、摘解列尾主机、中继器，吊起列车尾部软管时，应确认车列暂不移动方可进行作业。

3 调车作业人身安全标准

3.1 必须熟知调车作业区的技术设备、作业环境和作业方法，以及接近线路的一切建（构）筑物的形态和距离。

3.2 上下车时必须遵守以下规定。

3.2.1 调车作业上、下车时，必须停上停下。

3.2.2 登乘内燃、电力机车作业时，必须在机车停稳时再上下车。

3.2.3 上车前应注意脚蹬、车梯、扶手，平车、砂石车的侧板和机车脚踏板的牢固状态。

3.2.4 不准反面上下车（牵出时最后一辆除外）。

3.2.5 上下车时，要选好地点，注意地面障碍物。

3.3 在车列、车辆走行中，禁止下列行为：

3.3.1 在车钩上，在平车、砂石车的边端或端板支架上坐立。

3.3.2 在棚车顶或装载超出车帮的货物上站立或走行。

3.3.3 手抓篷布或捆绑货物的绳索，脚蹬轴箱或平车鱼腹形侧梁。

3.3.4 在车梯上探身过远，或经站台时站在低于站台的车梯上。

3.3.5 在装载易于窜动货物的车辆间或货物空隙间站立或坐卧。

3.3.6 骑坐车帮。

3.3.7 跨越车辆。

3.3.8 两人及以上站在同一闸台、车梯及机车一侧脚踏板上。

3.3.9 进入线路提钩，摘结制动软管或调整钩位。

3.4 在电化区段，接触网未停电、未接地的情况下，禁止到车顶上调车作业。在带电的接触网线路上调车时，作业人员及所携带的工具等须与接触网带电部分保持 2 m 以上的距离。

3.5 去岔线、段管线或货物线调车作业，须事先指派专人检查线路有无障碍物、大门开启状态及线路两侧货物堆放情况；事先派人检查有困难时，应在《站细》内规定检查确认办法。

3.6 带风作业时,必须执行一关(关折角塞门),二摘(摘制动软管),三提钩的作业程序。

3.7 摘结制动软管、调整钩位、处理钩销、采取或撤除防溜措施时,必须等列车、车列(组)停妥,并得到调车长的回示,必须使用无线调车灯显设备发出“紧急停车”指令后方可进入车档。调车长进入车档作业时,由其本人向司机显示(发出)停车信号进行防护。

3.8 调整钩位、处理钩销时不要探身到两车钩之间。对平车、砂石车、罐车、客车及特种车辆,应特别注意端板支架、缓冲器、风挡及货物装载状态。

3.9 推进运行距离较远时,领车人员必须使用安全带。要做到“上车先挂钩,下车先摘钩”。不能使用安全带的车辆,如:平车、砂石车、罐车、守车等,作业时必须选好站立地点。

3.10 严禁使用折角塞门放风制动。

3.11 严禁在运行中的机车前后端坐卧。

3.12 使用折叠式人力制动机,须在停车时竖起闸杆,确认方套落下,月牙板关好,插销插上后方可使用。

3.13 作业中严禁吸烟。

4 清扫(扳道)作业人身安全标准

4.1 接发列车时,必须站在规定地点。随时注意邻线机车、车辆动态。

4.2 在扳道作业时,应遵守扳道作业方法。除因作业必须进入道心外,均应站在安全地点。

4.3 清扫道岔前应得到车站值班员或有关人员的同意,清扫电气集中道岔或联动道岔,必要时应先将安全木楔置于尖轨与基本轨之间。清扫后及时将清扫工具、安全木楔等撤除,并向车站值班员或有关人员报告。

二、作业风险管理

作业风险管理见表6.1。

表6.1　作业风险管理

序号	工序	管理对象	风险类别	危险源	后果	风险等级	预控措施	控制标准
1	作业准备	员工	行为	酒后上岗	人身伤害	中度	(1)班前安全员检查； (2)酒后禁止参加工作	保障人身安全
2	作业	员工	行为	盲目横越线路或在邻线、两线间躲避列车	人身伤害	中度	(1)横越线路应执行“一站、二看、三通过”； (2)禁止在邻线和两线间躲避列车； (3)全员安全培训考试合格上岗； (4)禁止单人上道作业	保障人身安全
3	作业	员工	行为	盲目横越停留机车、车辆或抢越移动的机车、车辆	人身伤害	低度	(1)横越停有机车、车辆的线路时，先确认机车、车辆暂不移动，然后与其保持5 m以上距离绕行通过，严禁在运行中的机车、车辆前抢越； (2)必须横越停留车辆时，先确认机车、车辆暂不移动，再由车钩上方通过，手抓牢，脚踩稳，严禁踩钩锁、钩颈和折角塞门把手；禁止钻车	保障人身安全

表 6.1 作业风险管理(续)

序号	工序	管理对象	风险类别	危险源	后果	风险等级	预控措施	控制标准
4	作业	员工	行为	以车代步	人身伤害	低度	(1)全员安全培训考试合格上岗; (2)严禁扒乘机车、车辆,以车代步; (3)管理人员随机抽查	保障人身安全
5	作业	作业	行为	未经批准恶劣天气进行作业	人身伤残或死亡	低度	(1)对员工进行安全教育,提高安全意识; (2)学习、执行不良天气应急预案; (3)遇不良天气作业时逐级上报	遇恶劣天气需作业时,必须征得上级主管部门同意后,方准作业
6	作业	员工	行为	现场作业人员穿钉子鞋、高跟鞋、拖鞋	人身伤害	轻度	(1)全员安全培训考试合格上岗; (2)管理人员安排工作时抽查	保障人身安全
7	作业	员工	行为	作业中低职代高职,师徒分离	人身伤害危及行车安全	中度	(1)对员工进行安全教育; (2)按照作业等级安排工作; (3)随机抽查	按作业等级作业
8	作业	员工	行为	脱岗、离岗、串岗	故障延时加长	中度	(1)学习相关规定,提高员工岗位责任意识; (2)对员工工作纪律进行不定期抽查,规范员工行为	无脱岗、离岗、串岗现象

表 6.1　作业风险管理(续)

序号	工序	管理对象	风险类别	危险源	后果	风险等级	预控措施	控制标准
9	作业	员工	行为	在钢轨上、车底下、枕木头、道心内坐卧、行走、使用手机	人身伤害	中度	(1)全员安全培训考试合格上岗; (2)禁止单人上道作业; (3)作业中设置专职防护人员; (4)管理人员随机抽查	保障人身安全
10	清扫	道岔清扫人员	行为	清扫道岔未按规定进行防护	人身伤害	高度	(1)清扫道岔前进行登记,取得车站值班员同意后,方可进行; (2)清扫道岔时,应不间断瞭望,必须设专职防护人员和使用安全木楔进行防护,随时与车站值班员联系	确保道岔清扫人员人身安全

车务劳动安全风险控制标准

（Q/SHTL-CW07—2021）

1 站场作业

1.1 接发车作业

1.1.1 《站细》应在不侵入机车车辆限界并便于瞭望的安全地点，确定接发列车位置。

1.1.2 接发列车时，应站在《站细》规定位置，随时注意邻线机车车辆动态。

1.2 电化区段停留车作业

1.2.1 电化区段接触网未停电、未接地的情况下，禁止站在高于人力制动踏板台的车梯或货物上作业。

1.2.2 在带电的接触网线路上停留车作业时，严禁攀越棚车或敞车顶部作业，禁止棚车使用手制动机，区间和中间站禁止敞车使用手制动机。

1.3 清扫道岔作业

1.3.1 清扫道岔前，应得到车站值班员同意；作业完毕，应及时报告。

1.3.2 清扫电气集中道岔或联动道岔，应先将安全木楔置于尖轨与基本轨之间，清扫后及时撤除。

1.3.3 清扫道岔时，应一人清扫一人防护，并随时注意机车车辆动态。

2 调车作业

2.1 调车作业前检查

2.1.1 调车作业前，应指派专人检查线路有无障碍物、大门开启状态及线路两侧货物堆放情况；检查有困难时，应在《站细》中规定检查确认办法。

2.1.2 线路两旁堆放货物，距钢轨头部外侧不得少于1.5 m。

2.1.3 站台上堆放货物，距站台边缘不得少于1 m。

2.2 调车人员上下车地点选择

2.2.1 调车人员作业前,应熟悉站场和有关线路变化情况。
2.2.2 上下车时,应选好地点,注意地面障碍物。
2.2.3 遇有雨、雪、雾、霾或五级及以上大风恶劣天气,应采取停上停下措施。

2.3 调车人员特殊地点上下车

在路肩窄、路基高的线路上和高度超过 1.1 m 的站台上作业时,应停车上下。

2.4 上车前机车车辆状态确认

上车前应注意脚蹬、车梯、扶手,平车、砂石车侧板和机车脚踏板的牢固状态。

2.5 调车人员上下机车

登乘内燃、电力机车作业时,应在机车停稳时再上下车。设有便于上、下车脚蹬的调车机车除外。

2.6 调车人员上下车速度控制

2.6.1 上车时,车速不得超过 15 km/h;下车时,车速不得超过 20 km/h。
2.6.2 在站台上,上下车时,车速不得超过 10 km/h。

2.7 钩档作业

2.7.1 摘接制动软管、调整钩位、处理钩销前,应等列车、车列停妥,得到调车长同意后,方可作业;灯显调车时,还应按下紧急停车按钮。
2.7.2 调整钩位、处理钩销时,不得探身到两钩之间;对平车、罐车、客车及特种车辆,应特别注意端板支架、缓冲器、风挡及货物装载状态。
2.7.3 在车列、车辆走行中,禁止进入线路提钩、摘管或调整钩位。

2.8 摘接制动软管

2.8.1 带风作业时,应执行一关折角塞门、二摘软管、三提钩程序。

2.8.2　软管连接后，应缓慢打开折角塞门，发现漏风，立即关闭。

2.8.3　严禁使用折角塞门放风制动。

3　调车作业上下车禁止行为

3.1　不准迎面上车

在调车作业中，不准迎面上车。

3.2　不准反面上下车

在调车作业中，不准反面上下车，但牵出时最后一辆除外。

4　车列、车辆走行中禁止行为

4.1　禁止在车钩上、平车边端或端板支架上坐立

车列、车辆走行中，严禁在车钩上、平车边端或端板支架上坐立。

4.2　禁止在货物空隙间站立或坐卧

车列、车辆走行中，严禁在装载易于窜动货物的车辆间和货物空隙间站立或坐卧。

4.3　禁止在棚车顶和货物上站立或走行

车列、车辆走行中，严禁在棚车顶和装载超出车帮的货物上站立或走行。

4.4　禁止手抓篷布、脚蹬平车鱼腹梁

车列、车辆走行中，严禁手抓篷布或捆绑货物的绳索，脚蹬轴箱或平车鱼腹形侧梁。

4.5　禁止探身过远

车列、车辆走行中，严禁在车梯上探身过远，或经站台时站在低于站

台的车梯上。

4.6 禁止骑坐车帮

车列、车辆走行中,严禁骑坐车帮。

4.7 禁止跨越车辆

车列、车辆走行中,严禁跨越车辆。

4.8 禁止两人及以上站在同一人力制动踏板台、车梯上

车列、车辆走行中,严禁两人及以上站在同一人力制动踏板台、车梯及机车一侧踏板上。

4.9 禁止机车前后端坐卧

单机或牵引运行时,严禁在机车前后端坐卧。

5 货物装卸劳动安全风险控制标准

5.1 电化区段装卸货物

5.1.1 电气化铁路装卸作业,应在指定线路上安全区域内停电进行。
5.1.2 装卸作业结束,人员全部撤至安全地带后,方准向接触网送电。
5.1.3 在带电的接触网下,不准使用竹竿、木棍等测量货物装载高度,不准抛掷皮尺和绳索等。
5.1.4 严禁在带电的接触网下,攀登车顶、关闭罐车盖、整理货物、紧固篷布绳索等。

5.2 使用机械装卸货物

5.2.1 装卸机械动车前,应鸣笛并确认周围无障碍物及人员,方能动车。
5.2.2 严禁机械与人工在同一车辆装卸。
5.2.3 夜间无照明时,不得进行装卸作业。

5.3 装卸中的车辆调车

5.3.1 装卸中的车辆调车时,应事先通知货运员,并由货运员通知装卸工组停止作业。

5.3.2 整理好车内、车上及车辆周边货物,防止倒塌、坠落或侵限。

5.3.3 关好车门、车窗,人员、机具全部撤出限界,撤除防护信号,经货运员确认后,方可进行调车作业。